パラグアイの伝統手芸
もっと楽しむニャンドゥティ

repicbook

はじめに

２冊目となる『ニャンドゥティ』の本をこうしてみなさまにお届けできることを大変うれしく思います。

私がパラグアイでニャンドゥティに出会ったのは2011年。世界各地の郷土料理を学ぶ世界一周の旅の最中でした。

窓全体を覆うほど大きくて色鮮やかな作品に文字通り心を射抜かれ、料理はそっちのけになりニャンドゥティにのめり込んでいきました。

ニャンドゥティの村・イタウグアで数人の先生たちから直接作り方を教わってきましたが、モチーフの呼び方や針の運びが先生によって少しずつ違うことに気づきました。
それは、この伝統が手から手へ、母から子へ伝えられてきた手芸だからに他なりません。

日本で教えるにあたり、さまざまな考え方があるこの手芸を、どうしたら分かりやすく復習しやすく自分のものにしてもらえるか。この本には研究を重ねて見つけ出した方法やテクニックなど、実際の講座でしか教えていない技術も余すことなく掲載いたしました。

本来は、縦糸と横糸を組み合わせるだけで出来るシンプルな伝統手芸ですが、形や大きさ、織り目を変えることによりデザイン性のある多種多様なアクセサリーを創造することができます。

１本の針と糸で表現できる『無限の世界』をぜひ紡いでみてください。

最後に、本書出版にあたり一緒に作り上げてくださった講師や生徒のみなさま、クラウドファンディングでご支援くださった多くのみなさま、そしていつも活動を応援してくれる夫と子どもたちに心からの感謝を捧げます。

千森 麻由

本書の見方

■ 織り図の表記と注意事項

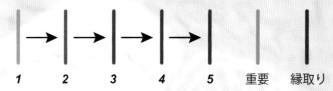

- ・6番目以降はまた水色からはじまります。
- ・最後に行う縁取りは濃い青、特に気を付けて織る部分は緑で示されています。
- ・縁取りが濃い青以外の場合は図案の色順に従ってください。

★：糸のはじまり位置。図案の途中にある場合は、新しい糸をつなぐ。

— — —：裏を通して移動する。

●：一本の土台糸をすくって玉結びをする。

▬▬：印で示された複数本の土台糸をまとめてすくって玉結びをする。

〜〜〜：土台糸に模様糸を巻き付ける。

◯：ビーズを入れる。

- ・グレーの線は土台糸、黒の円は中心の二重織りを示しています。
- ・型紙の横に数字が添えてある場合、その順番に従って土台糸を張ってください。
- ・繰り返しのある図案は、一部のみを掲載していることがあります。
- ・基本的に全ての模様は前の段と互い違いになるように織ります。模様の切り替わりなど、
  互い違いにならない部分は図案に従ってください。
- ・図案では色の変更位置は指定していません。P103を参考に好きな位置で変えてください。
- ・模様糸を土台糸に巻き付ける回数や模様の形は、糸のひき加減によって変化します。図案
  にこだわらず、様子を見ながら増減させてください。

※掲載作品は主に刺し子糸 hidamari（COSMO）とニャンドゥティ専用糸 amo（アートファ
イバーエンドウ）を使用しています。色番号は、材料名の後に記載されています。
掲載されている材料より太い糸を使用したい場合は、織りの段数を減らすと同じように作
ることができます（細い糸を使用したい場合は、段数を増やしてください）。

もくじ

ニャンドゥティの作り方[材料と道具編]

布張り法

図案を写す

基本の織り方

基本の玉結び

ニャンドゥティのテクニック

糸のつなぎ方

ニャンドゥティの閉じ方 / ニャンドゥティの取り外し方

つなぎ織り

フィリグラナ / アラサペ

作品リスト

contents

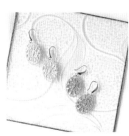

NO. 15 | P44

NO. 16 | P46

NO. 17 | P48

NO. 18 | P50

NO. 19 | P54

NO. 20 | P55

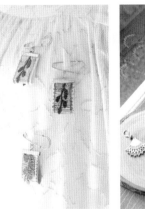

NO. 21 | P60

NO. 22 | P62

NO. 23 | P63

NO. 24 | P66

NO. 25 | P68

NO. 27 | P72

NO. 26 | P70

NO. 28 | P73

ニャンドゥティの作り方

[材料と道具編]

基本的に材料・道具は 100 円均一でそろえることができます。
材料や道具にルールはありませんので、家にあるものを利用してもよいでしょう。

基本の材料

糸

仕上げ糊

特に決まりはないが、刺し子糸、刺繍糸などが織りやすい。
刺繍糸を使用する場合は「手縫い用」と記載のあるものを選ぶ。

・コスモ刺し子糸 "hidamari"
必要な長さだけを無駄なく引き出して使える合理的な形状の刺し子糸。
滑らかで針や布が通りやすく、太さもニャンドゥティにちょうど良いため
織りやすい。
・ニャンドゥティ専用糸 "amo"
現地パラグアイの糸を再現した日本初のニャンドゥティ専用糸。コットン
の柔らかさと滑らかな風合いで指通りがよく織りやすい。

洗濯糊やボンドなど。水で薄めて
使用する。
＜濃さの目安＞
洗濯糊：水　1：1
ボンド：水　1：3

布

刺繍枠に張れる大きさであれば材質に決まりはない。織り終わったら布は
切り取って捨ててしまうため、高級なものや、目が密で頑丈なものは不向
き。色や柄もなんでもよいが、糸がはっきりと見えるものを使うと作業し
やすい。

・シーチング　初心者向け
伸びが少ないため枠に張りやすく、作業しやすい。少量でも手軽に買える。
・晒（さらし）
型紙にのせて、直接印を写し取ることができる。完成した作品を外しやす
い。ただし、狭い間隔で針を刺すと土台がゆがみやすいため、大きな作品
を作る場合にだけ使う。

刺繍枠

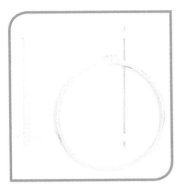

針

・クロスステッチ針 [初心者向け]
先が丸いため、糸にひっかからず、模様を織りやすい。あまりに密な布を使用しない限り、土台も模様もこの針一種類だけで作業できる。

・複数の針を使用する場合
土台：フランス刺繍針
模様：先丸刺繍針やクロスステッチ針のように使い分けると作業しやすい。

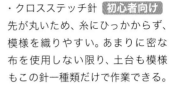

ニャンドゥティ専用枠（四角）
現地で使う四角い木枠。布をしっかり張れるため、美しいニャンドゥティを織れる。

糸が通ればなんでもよい。長さや太さも特に指定はない。

刺繍枠（丸）
専用枠が手に入らない場合、代用可。サイズや素材が様々だが、最初は20cm前後のフランス刺繍枠が使いやすい。

定規・コンパス

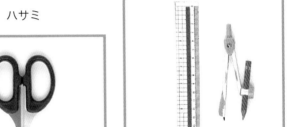

印付けのときにあると便利。

ハサミ

印付け用品

細かい作業ができるよう先のとがったものが使いやすい。

型紙

筆・刷毛

にじんで糸が汚れないものであれば何でもよいが、手芸用のチャコペーパー、チャコペン、またはフリクションペンなどがおすすめ。

種類、大きさは自由。作りたい作品に塗りやすい大きさのものを選ぶ。

印刷して厚紙などに貼っておくと使いやすい。

踊り子ピアス

1. カツラの中へ接着剤を入れ、蛇腹に折りたたんだニャンドゥティを差し込み、固定する。

2. アクリルビーズに9ピンを通し、先を曲げる。

3. ピアス金具とビーズを9ピンでつなぎ、ビーズとカツラを丸カンでつなぐ。

❶	ピアス金具　フック型（R）	1 ペア
❷	カツラ　カン付き（8mm／R）	2 コ
❸	丸カン（0.7×4mm／R）	2 コ
❹	9 ピン（0.6×30mm／R）	2 本
❺	ドイツ製アクリルビーズ（ネイビー／16×7mm）	2 コ
❻	コスモ hidamari　NO.2（ブルー）	
❼	コスモ hidamari　NO.305（マルチカラー）	
❽	コスモ hidamari　NO.104（点絣）	

POINT

半円の左右から数えて
8本目と9本目の土台糸と
リボンを繋ぐときは
「1本つなぎ」で繋ぐ。
（◆同士を繋ぐ）

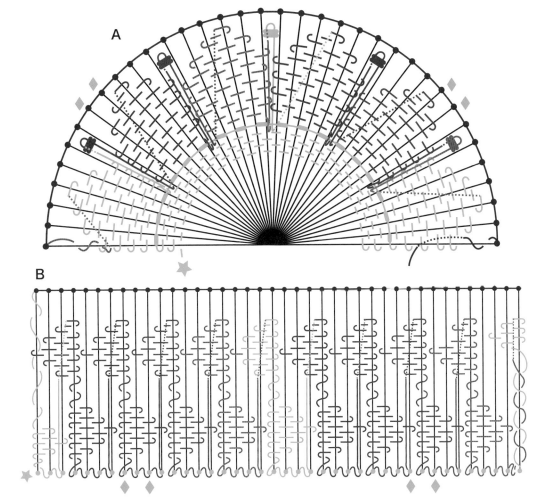

月と雫ピアス

1. カットビーズ7個を配置しながらニャンドゥティ同士をテグスでつなぐ。

2. カットビーズ6個、アクリルナツメ5個はTピン、アクリルビーズに
9ピンを通し、先を曲げる。

3. カットビーズ6個、アクリルナツメ5個は、下側のニャンドゥティの先端へ
交互になるようにつける。

4. ピアス金具、アクリルビーズ、ニャンドゥティをそれぞれ丸カンでつなぐ。

❶	ピアス金具　フック型（R）	1ペア
❷	丸カン（0.5×2.3mm／R）	4コ
❸	9ピン（0.7×30mm／R）	2本
❹	Tピン（0.6×20mm／R）	22本
❺	ガラスカットビーズ（クリスタルブルー／5×3mm）	26コ
❻	ドイツ製アクリルナツメ（ピュアブルー／8×3mm）	10コ
❼	ドイツ製アクリルビーズ（ネイビー／8×3mm）	2コ
❽	手芸用テグス2号（1m）	
❾	amo 304（ブルー）	

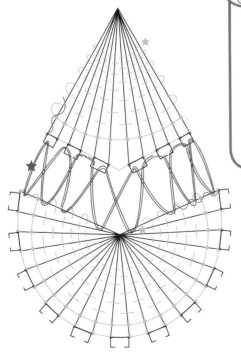

POINT

2つのニャンドゥティの間に入るビーズの繋ぎ方

1. テグスの中心にカットビーズを1つ通す。茶色の星印からスタートする。

2. ビーズへテグスの両端を入れ、交差させながらニャンドゥティ同士を繋ぐ。

3. ビーズを7個繋いだら、1つ目のビーズへ交差させながら戻る。

4. 最後はビーズの中に収まるようにテグスをカットする。

ヴィンテージピアス

1. ピアス金具とニャンドゥティを丸カンでつなぐ。

❶	ピアス金具　フック型（G）	1ペア
❷	丸カン（0.5×2.3mm / G）	4コ
❸	ハニカムスパンコール※（5mm）	30枚
❹	ボヘミアンビーズ（ゴールド / 丸大）	30個
❺	amo 1003（イエローミックス）	

※ ビーズ店：ラティーフ

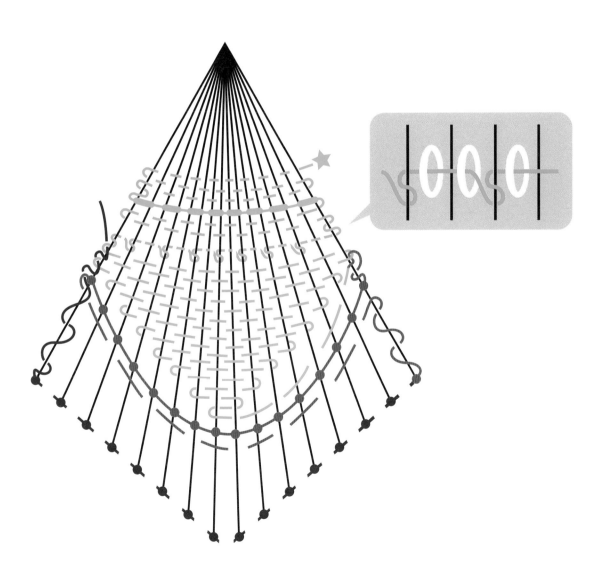

ドーナツ型タッセルピアス

1. タッセルに丸カンをつける。

2. ピアス金具、ニャンドゥティ、タッセルをそれぞれ丸カンでつなぐ。

❶	ピアス金具　フレンチフック型（R）	1 ペア
❷	丸カン（0.5×2.3mm / R）	6 コ
❸	ボヘミアシードビーズ丸小（マスタード）	72 コ
❹	タッセル（5cm）※既製品でも可	2 本
❺	amo 417（白）	
❻	amo 540（マスタード）	

POINT

土台糸は、四角形の土台（P93）を参照し、輪の形に張る。スタートはどこからでも良い。

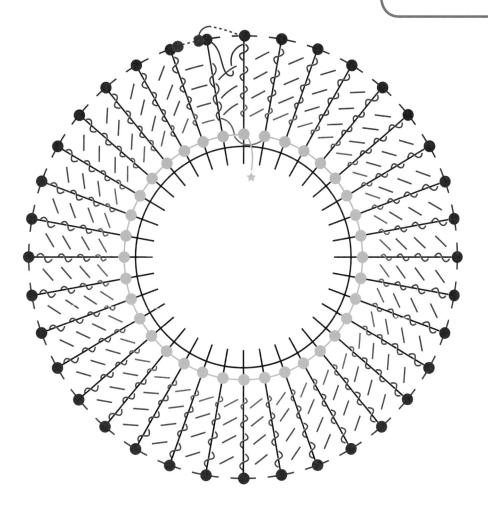

優雅なオーバルピアス

1. ピアス金具とニャンドゥティを丸カンでつなぐ。

❶	ピアス金具　デザインフック型（R）	1ペア
❷	丸カン（0.5×2.3mm／R）	2コ
❸	コスモ　にしきいと　No23（白銀）	

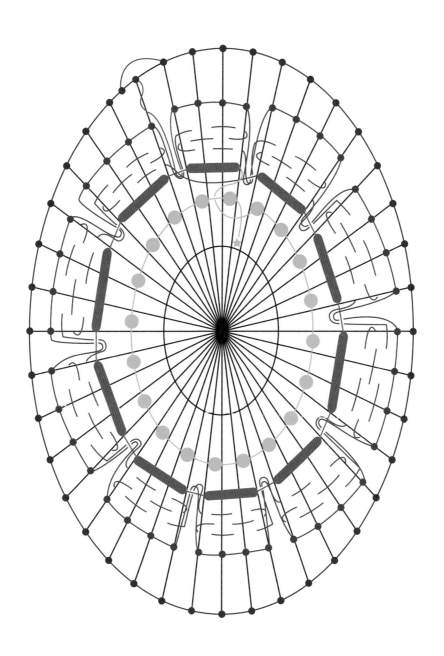

No. 06 | 星のバッグチャーム

星のバッグチャーム

1. 引き揃え糸を、ニャンドゥティの先端の輪1つずつに巻きつける。

2. バッグチャーム金具、ビーズ、ニャンドゥティ、タッセルをそれぞれ丸カンでつなぐ。

❶	バッグチャーム金具（R）	1コ
❷	丸カン（1.6×15mm / R）	2コ
❸	丸カン（0.7×8mm / R）	1コ
❹	ドイツ製リングラウンド（30mm / モスグリーン）	1個
❺	レザータッセル（6.5cm）	1本
❻	引き揃え糸（1m）	
❼	コスモ hidamari　NO.8（ショッキングピンク）	
❽	コスモ hidamari　NO.405（グラデーション）	

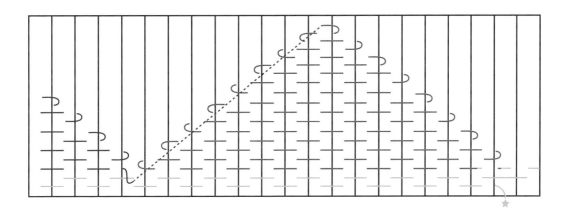

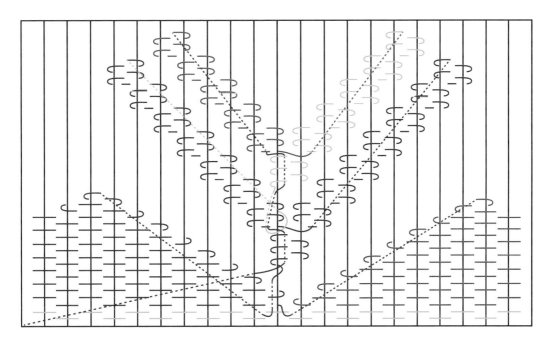

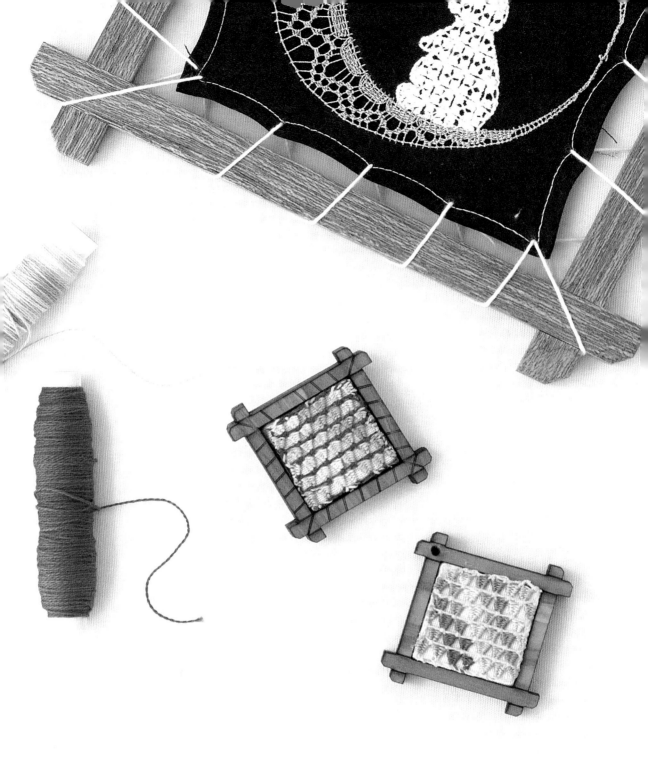

NO. 07 │ 三角の銀細工ブローチ

三角の銀細工ブローチ

1. ニャンドゥティをブローチ枠に組み込んでボンド等で仕立てる。

2. ブローチ金具を接着剤で付ける。

❶ ニャンドゥティ型ブローチ枠※　　　　　　　　1コ

❷ ブローチ金具（30mm）　　　　　　　　　　1コ

❸ amo1002（ピンクブルーミックス）

※ ASNARO

土台の張り方

POINT

フィリグラナの土台（p111）を参考に3本ラインで正三角形の土台を張ってください。

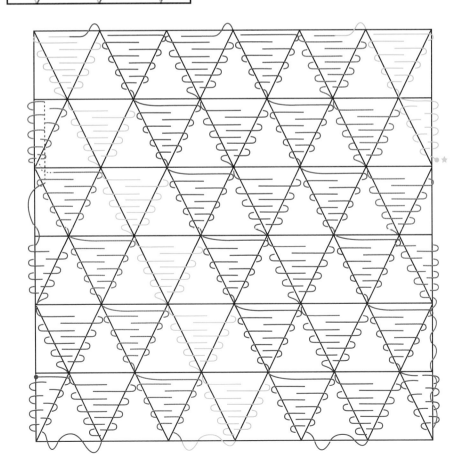

アルファベットのブレスレット

1. ニャンドゥティの両端に接着剤を塗り、リボン留めで挟む。

2. 9ピンにメタルビーズ、チェコビーズ、チェコ TC ハートを通し、先を曲げる。

3. リボン留め（右）の端に丸カンで9ピンをつなぐ。

リボン留め（左）の端にアジャスターセットをつなぐ。

❶	リボン留め（20mm／G）	2コ
❷	カニカン・アジャスターセット（G）	1組
❸	丸カン（0.6×3mm／G）	1コ
❹	9ピン（0.7×45mm／G）	1本
❺	チェコ TC ハート（ミックスオレンジ／14×12mm）	1コ
❻	チェコビーズ（アンティークレッド／8×6mm）	2コ
❼	メタルビーズ（ゴールド／3×5mm）	2コ
❽	amo 1001（パープルミックス）	
❾	amo 210（ショッキングピンク）	

POINT

ブレスレットの土台は、P122 の「2.5 × 20cm 100 本」の型紙を、自分の長さに合わせて使う。アルファベット同士の間は土台糸を1本離すとまとまりが良い。

A 〜 C

D 〜 G

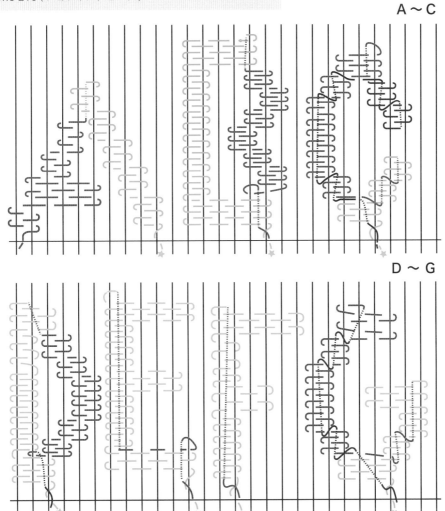

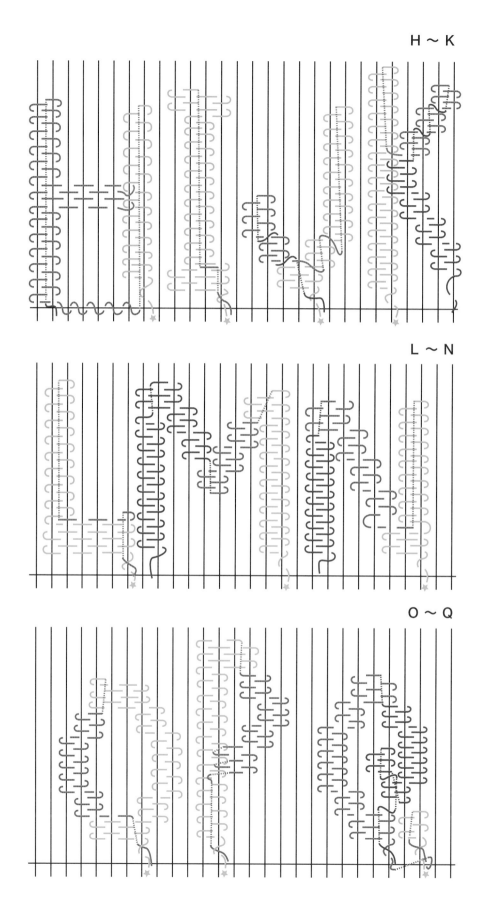

R ～ T

U ～ W

X ～ Z

! ハート (小 / 大)

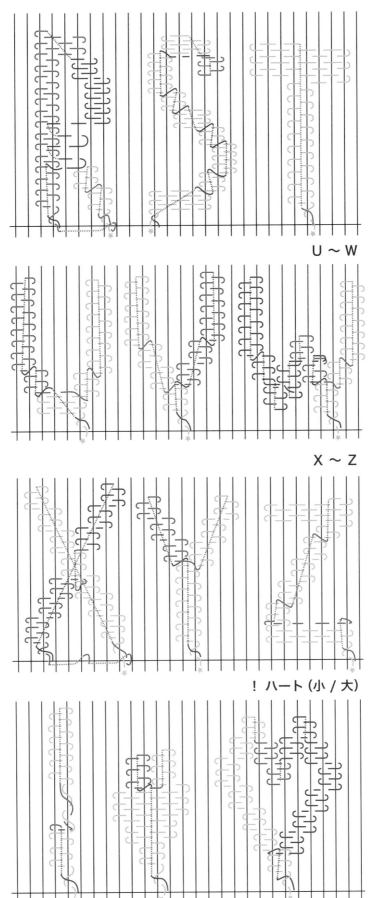

designer：TOM-TOM 古川美奈子

鳥とアカシアと蜘蛛の巣のモビール

1. 各ニャンドゥティを3枚ずつ作る。

2. 連続するニャンドゥティは丸カンでつなげる。

3. あわじ玉風ビーズにTピンを通し、先を曲げる。

4. 麻紐の端を結び、ウッドビーズをそれぞれ6個と8個通し、ニャンドゥティの先端へ
結び付ける。

5. 麻紐は吊るす部分に使う長さを60cmほど残し、刺繍枠に5回ほど巻きつける。
巻きつけた5本の麻紐に、ニャンドゥティパーツをそれぞれつなげる。

6. ウッドパーツは麻紐を通し、ニャンドゥティの先端へ結びつける。

7. ウッドビーズ3個は、4.5cmずつ離しながら結び目を作り、通す。
その先にニャンドゥティを結ぶ。

8. ニャンドゥティパーツ5つとタッセルを、刺繍枠を6等分した位置になるよう調整する。

❶	円形刺繍枠（20cm）		❼	タッセル※1（11cm）		1コ
❷	ウッドパーツ（15mm）	1コ	❽	麻紐※2		一巻き
❸	ウッドビーズ（8mm）	17コ	❾	コスモ hidamari（単色）	NO.1 2 3 4 7 8 12 14 15 16 17 19	
❹	あわじ玉風ビーズ（14mm）	1コ	❿	コスモ hidamari（マルチカラー）		NO.301 303
❺	丸カン（1×8cm / AG）	4コ	⓫	コスモ hidamari（グラデーション）		NO.405
❻	Tピン（0.5×25mm / AG）	1本	⓬	コスモ hidamari（点絣）		NO.102

※1 手芸素材専門店：アートファイバーエンドウ
※2 麻処さあさ

蜘蛛の巣

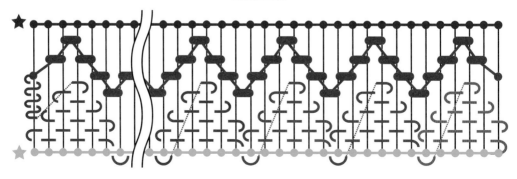

アカシアの木

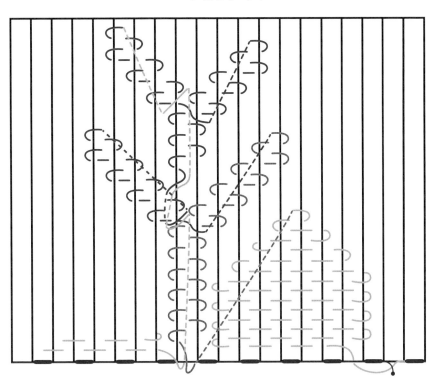

クロサギ

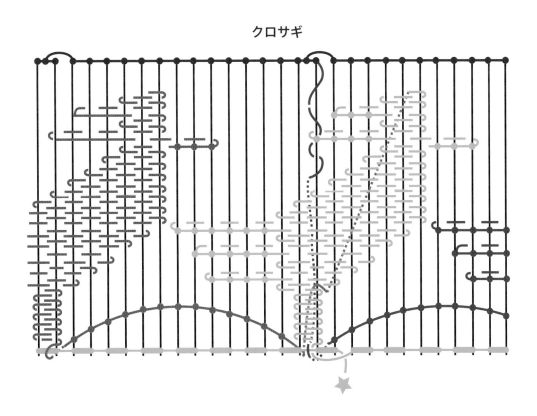

クリスマスガーランド

1. 材料のシーチングを布に張り、ニャンドゥティを織る。

2. トナカイ・ツリー部分の縦幅 2/3 のラインで、裏側の布にハサミで切り込みを入れる。
布は内側へ向けて 3 つ折りにする。

3. ニャンドゥティ部分に糊付けし、乾いたら布の型紙通りにニャンドゥティと布を
木枠から取り外す。

4. 麻紐の両端から 10cm ずつ残し、ガーランドをつける位置に麻紐を置く。
布用接着剤をつけ、布の上部を折り曲げるようにして接着させる。

5. 全てのガーランドをつけたら、麻紐の両端に輪っかを作り、固結びをする。

❶	シーチング（赤、緑 /20cm 四方）	2 枚ずつ
❷	麻紐（1m）	
❸	コスモ hidamari　NO.3（白）	
❹	コスモ hidamari　NO.9（赤）	
❺	コスモ hidamari　NO.17（緑）	

> 布ごと仕立てる作品です。
> 布は、針が問題なく通る厚みであれば、
> どんなものを使用しても良い。

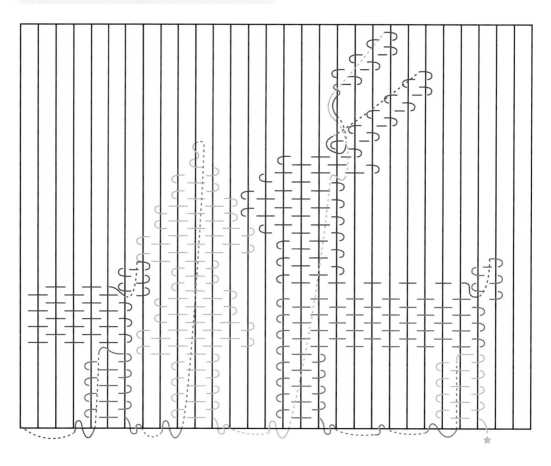

ガーランドの裏面

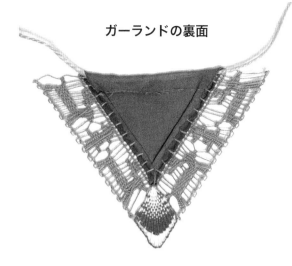

 POINT

【ニャンドゥティの織り順】

1．トナカイ部分のリボンを先に織る。（2辺共）

2．間のひし形を作る。ひし形の頂点を作る時は、左右リボンの端の土台糸を巻き込む。

3．ひし形の模様を織る。ひし形の左まで織ったら左隣のリボン土台糸を一緒にすくって
　　右側へと織りを進める。

4．右側も左と同様に、リボン土台糸を一緒にすくってから織りを進める。

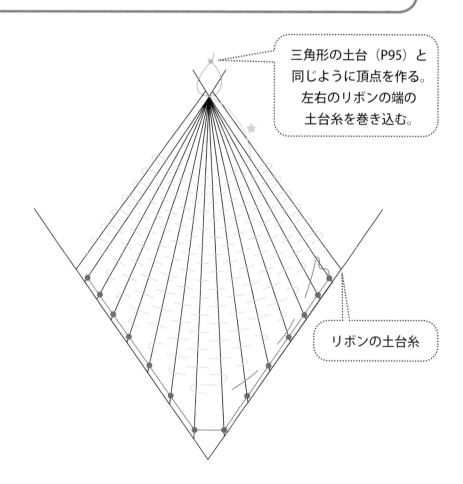

三角形の土台（P95）と
同じように頂点を作る。
左右のリボンの端の
土台糸を巻き込む。

リボンの土台糸

No. 11 | 大人シックなネックレス

designer：釋　真澄

NO. 12 ｜ プチドールのチャーム

作り方

大人シックなネックレス

1. ベロアリボン両端に接着剤を塗り、リボン留めで挟む。

2. コットンパールにTピンを通し、先を曲げる。

3. リボン留めとTピンを丸カンでつなぐ。

4. ニャンドゥティとベロアリボンを丸カンでつなぐ。

❶	ベロアリボン (60cm / 黒)	2本
❷	リボン留め (10mm / R)	4コ
❸	丸カン (1×7mm / G)	4コ
❹	Tピン (0.7×20mm / G)	2本
❺	コットンパール (8mm)	2コ
❻	コスモ hidamari　NO.5 (紺)	
❼	コスモ hidamari　NO.405 (グラデーション)	

蟻塚とヤシの木

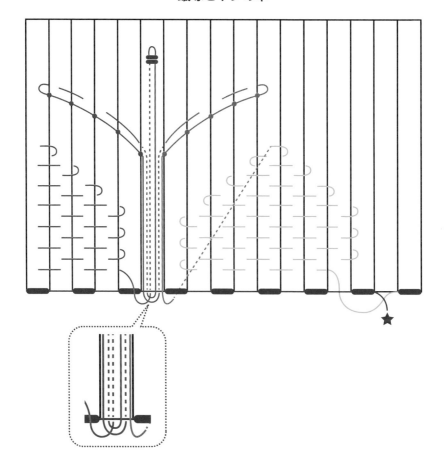

それぞれの円形サイズは大きいものから順に6cm、4cm、3cm、2cmです。
6cmのモチーフは蟻塚とヤシの木、4cmはジャスミンの花を編みます。
3cmはP45のパンジー、2cmはP45のうずまきを参照し、編んでください。

ジャスミンの花

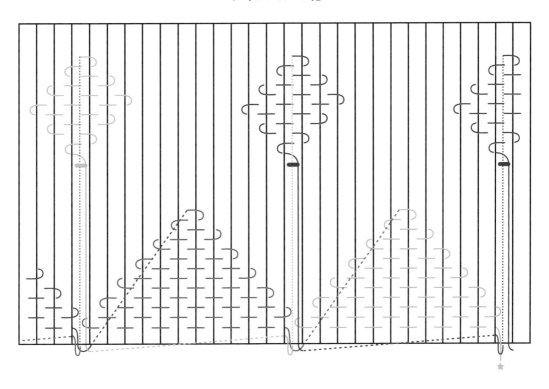

POINT

織り方のポイント
それぞれのニャンドゥティの繋げ方は、P109~110の"円形の繋ぎ"を参照してください。
隣接した土台糸を4本ずつ絡めると、安定した仕上がりになります。

プチドールのチャーム

1. ドールを作る。型紙（P125）から縫い代 1cm を取りオーガニックコットンをカット
　　する。中表にし、手縫いかミシンで縫う。3cm ほど縫わずに残しておき、そこから
　　裏返して綿を詰める。

2. ドールの顔を好みの表情で刺繍する。
　　首の中心にドイツ製アクリルプレーンハートを縫い、パールを首に一周縫いつける。

3. スカートを作る。ツイル生地は直径 15cm の円形にカットする。
　　中心に直径 5cm の円を描き、中心の布は切り取る。

4. 中心と布の端を 1cm 折り返して手縫いかミシンで縫う。

5. 中心には丸ゴムを通し、ゴムスカートを作る。

6. ドールにゴムスカートを履かせて、その上にニャンドゥティをかぶせる。

7. ドールの頭に丸カンを糸で縫い付け、バッグチャーム金具をつける。

❶ バッグチャーム金具　ハート（RC）	1組	❽ amo　557（オレンジ）
❷ 丸カン（1×8mm/ R）	1コ	❾ amo　200（ピンク）
❸ パール（4mm）	11コ	❿ amo　210（ショッキングピンク）
❹ ドイツ製アクリルプレーンハート（クリアレッド）	1個	⓫ amo　221（緑）
❺ オーガニックコットン（10×20cm）	2枚	⓬ amo　230（黄緑）
❻ ツイル生地（16cm 四方）	1枚	⓭ amo　300（水色）
❼ 丸ゴム（20cm / 1本）/ 手芸綿（適量）		⓮ amo　417（白）

A

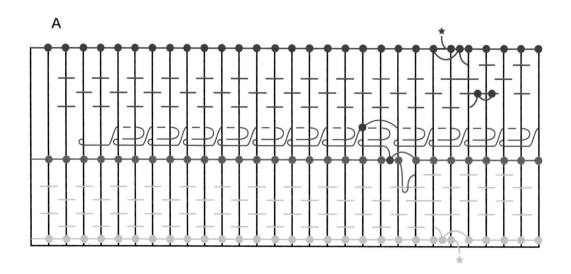

B

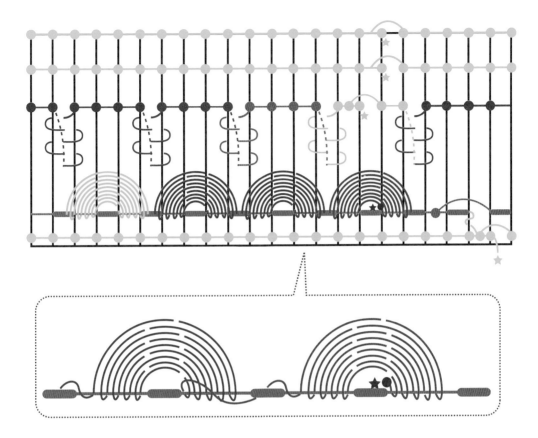

No.14 │ かわいいキッズヘアゴム

designer：maniko aimi

親子でおそろい！小さなお菓子のブレスとベルト

ベルト

1. 織ゴムの両端を 0.5cm 折り返して手縫いする。

2. 折り返した端から左右 5cm ずつ内側の位置になるように、
ニャンドゥティを手縫いかミシンで縫いつける。

3. 面ファスナーのフック面を織ゴムのそれぞれ両端に縫い付け、
フック面から 0.5cm 離してループ面を縫いつける。

❶	織ゴム（幅茶色 / 30mm 幅 / 40cm）	1 本
❷	面ファスナー縫い付けタイプ （紺 / 25mm 幅 / 3cm）	2 コ
❸	コスモ hidamari　NO.11（青）	
❹	コスモ hidamari　NO.304（マルチカラー）	

POINT 型紙のサイズは半分になっているため、倍の長さにして使う。枠が小さい場合、半分の長さで2枚作り、縫い合わせる。

小さなお菓子

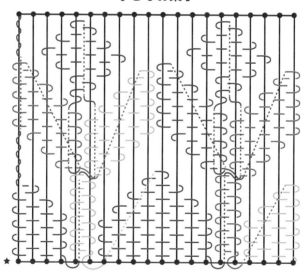

ブレスレット

1. グログランリボンの両端に接着剤を塗り、中心に向かって折る。

2. ニャンドゥティの端に接着剤を塗り、グログランリボンで挟む。

3. グログランリボンに針等で穴を開け、丸カンを通し、ニューホックをつなげる。

❶	ニューホック小（R）	1 組
❷	丸カン（0.6×3.5mm / R）	2 コ
❸	グログランリボン（白 / 25mm 幅 / 4cm）	2 本

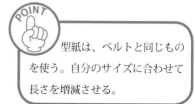 POINT 型紙は、ベルトと同じものを使う。自分のサイズに合わせて長さを増減させる。

かわいいキッズヘアゴム

1. ニャンドゥティの両端を 1 cm ほど重なるように折り畳み、接着剤をつけ輪にする。

2. ニャンドゥティの真ん中に糸でゴムを巻きつける。

3. 糸の上にグログランリボンを巻きつけ、接着剤で固定する。

> **POINT**
> リボンの端はグログランリボンで隠し、表から見えないように仕立てる。

❶	リングゴム（直径 3.5cm）	1 本
❷	グログランリボン（紺 / 9mm 幅 / 6cm）	1 本

クッキー		人形		
❸	amo 500（イエロー）	❸	コスモ hidamari	NO.8（ショッキングピンク）
❹	amo 200（ピンク）	❹	コスモ hidamari	NO.204（スペック）
❺	amo 1001（パープルミックス）	❺	コスモ hidamari	NO.303（マルチカラー）

クッキー　　①→②→③→②→③→② の順に織る

人形

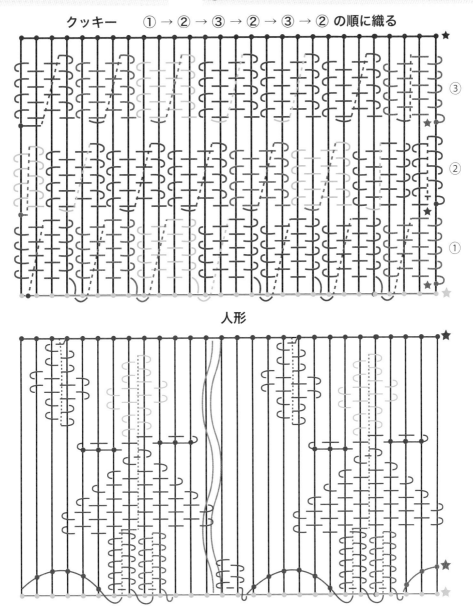

designer：Piyo Filo 沖 美夕紀

カタツムリのキーチャーム

1. フェルトでカタツムリの体を切り抜き、ビーズを目の位置に縫い付ける。

2. 刺繍枠に布をはめ、キーホルダー金具を通す。

3. 各ニャンドゥティとカタツムリを配置して接着剤でつける。

❶	ミニチュア刺繍枠（5cm）	1コ
❷	キーホルダー金具（AG）	1組
❸	グラスビーズ　丸大（クリアブルー、ホワイト）	各10コ
❹	グラスビーズ　丸大（クリアオレンジ）	2コ
❺	リネン布（ベージュ / 7.5cm四方）	1枚
❻	フェルト（ライトイエロー / 2.5cm四方）	1枚
❼	コスモ hidamari　NO.15（黄緑）	
❽	コスモ hidamari　NO.17（グリーン）	
❾	コスモ hidamari　NO.19（パープル）	
❿	コスモ hidamari　NO.305（マルチカラー）	
⓫	コスモ hidamari　NO.105（点絣）	

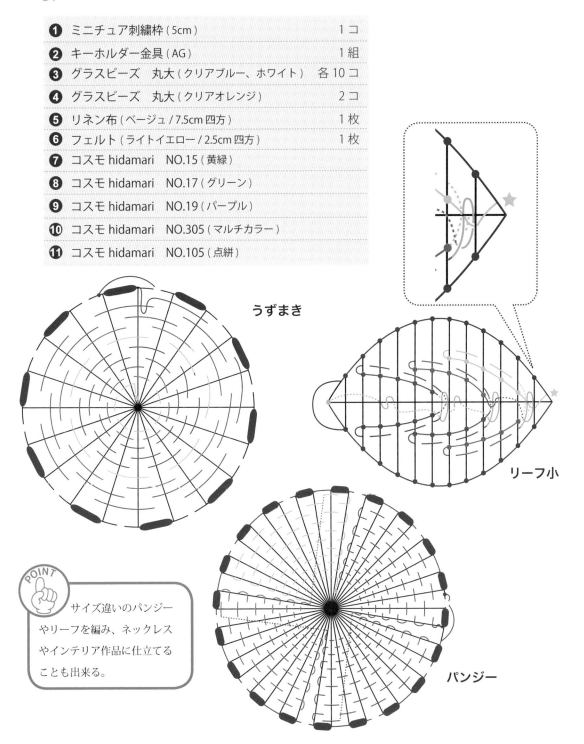

うずまき

リーフ小

パンジー

POINT

サイズ違いのパンジーやリーフを編み、ネックレスやインテリア作品に仕立てることも出来る。

45

designer：Piyo Filo 沖美夕紀

フウセンカズラのピアス

1. ニャンドゥティは左右合計6枚作る。3枚の裏同士を接着剤で軽く貼り合わせる。

2. 貼り合わせたニャンドゥティの上下を丸小ビーズで縫い留める。

3. Tピンにチェコガラスラウンド2個でニャンドゥティをはさんで通し、先を曲げる。

4. 9ピンにチェコガラスラウンド2個でインポートビーズをはさんで通し、先を曲げる。

5. ピアス金具、9ピン、Tピンをそれぞれつなぐ。

❶	ピアス金具　フック型（R）	1ペア	❻	チェコガラスラウンド（4mm）	8コ
❷	9ピン（0.6×25mm / R）	2本	❼	コスモ hidamari　NO.2（ブルー）	
❸	Tピン（0.6×40mm / R）	2本	❽	コスモ hidamari　NO.4（サックス）	
❹	グラスビーズ　丸小（クリアブルー）	12コ	❾	コスモ hidamari　NO.5（紺）	
❺	インポートビーズ（10×8mm）	2コ	❿	コスモ hidamari　NO.11（ブルー）	

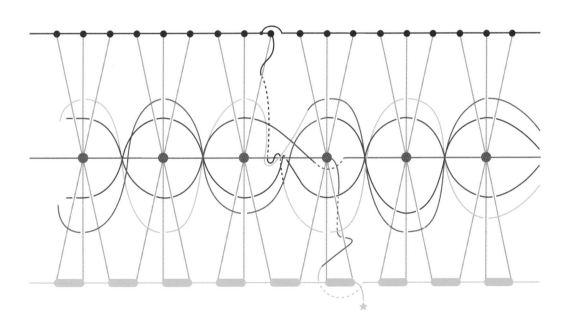

POINT
丸小ビーズを糸で縫い留めるとき、ニャンドゥティ同士がしっかりくっつくようにすると美しく仕上がる。

designer：おおたまきこ

簡単カニョートのブローチ

1. 合皮の円の中心より上部にブローチパーツを縫いつける。

2. フェルトにニャンドゥティを縫いつける。

3. フェルトと合皮をブランケットステッチでかがる。

4. 閉じ終わる少し前に手芸綿を少量詰める。

ブローチの裏側

❶	ブローチ金具（30mm / R）	1 コ
❷	フェルト（白 / 直径 5.2cm / R）	1 枚
❸	合皮（茶 / 直径 5.2cm / R）	1 枚
❹	手芸綿	
❺	コスモ hidamari　NO.8（レッド）	
❻	コスモ hidamari　NO.101（点絣）	

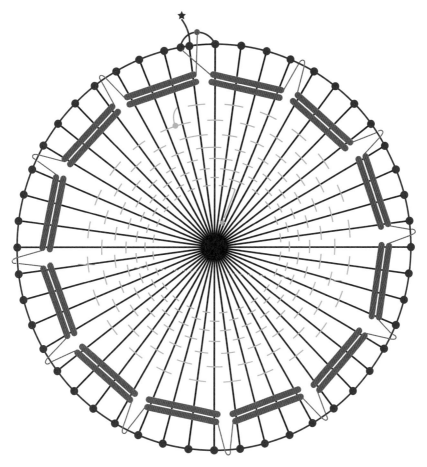

designer：atelier mille soleils
アトリエ　ミルソレイユ　Chiharu

お裁縫道具のためのポーチ

1. 完成済みポーチのファスナーから 3cm 下の位置にニャンドゥティを縫い留める。

2. 1のニャンドゥティから 2cm 下の位置にもう 1 本のニャンドゥティを縫い留める。

❶	完成済みポーチ（14×20cm）	1 コ	❺	コスモ hidamari	NO.404（グラデーション）
❷	コスモ hidamari　NO.2（ブルー）		❻	コスモ にしきいと	NO.22（真珠）
❸	コスモ hidamari　NO.201（スペック）		❼	コスモ にしきいと	NO.23（白銀）
❹	コスモ hidamari　NO.12（黄緑）				

> ニャンドゥティは布用ボンドを使って貼り付けても良い。

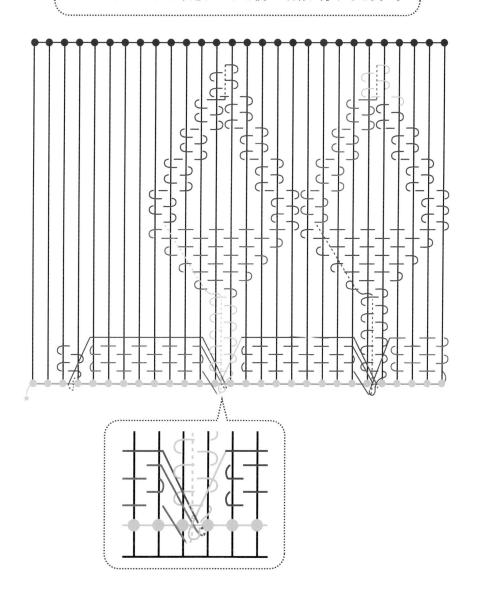

お裁縫道具のためのニードルブック

1. リネン布の周囲 1cm を 3 つ折りにして、一周手縫いかミシンで縫う。

2. フェルト A と B を重ね、中央を仮止めする。

3. 1 と 2 を重ね、手帳型に中央を縫い留める。

4. 表にニャンドゥティを縫い留める。

5. リネン布とフェルト A を縫い留める。

❶	リネン布（生成り）(11×20cm)	1 枚
❷	フェルト A (白 / 8×17cm)	1 枚
❸	フェルト B (ブルー / 7×15cm)	1 枚
❹	コスモ hidamari　NO.11 (ブルー)	
❺	コスモ hidamari　NO.305 (マルチカラー)	
❻	コスモ　にしきいと　NO.23 (白銀)	

工程 4 と 5 は、布用ボンドを使って
貼り付けても良い。

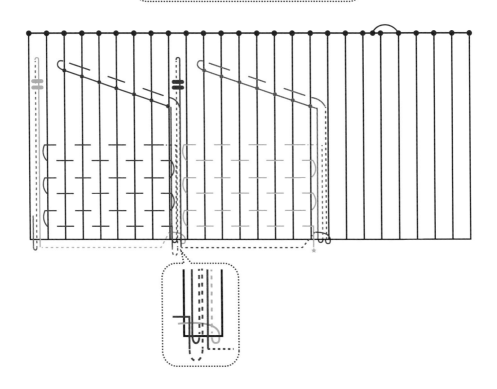

お裁縫道具のためのメジャー

メジャーの作り方 4

1. メジャーの幅と直径サイズを足し、そのサイズを直径とし、
リネン布を円形にカットする。

2. 接着芯を直径 5cm の円形にカットし、リネン布の裏に
アイロンで接着する。

メジャー側面拡大

3. リネン布の表にニャンドゥティを縫いつける。

4. メジャーを挟み、表布と裏布をまつり縫いで縫い留める。
メジャー口のみ 0.5cm ほど内側へ布を折り込む。

5. 縫いとめた部分を隠すようにファブリックリボンをまつりつける。
引き出し口は 1cm 開け、リボンを 0.7cm ほど折り返す。

6. 引き手部分をファブリックリボンで包む。

❶ 丸型メジャー（直径5cm）	1コ	❺	コスモ hidamari　NO.7（レッド）
❷ リネン布（生成り）（10×10cm）	2枚	❻	コスモ hidamari　NO.301（マルチカラー）
❸ 薄地接着芯（7×7cm）	2枚	❼	コスモ　にしきいと　NO.23（白銀）
❹ ファブリックリボン（1cm幅/25cm）			

工程 3 は、布用ボンドを使って貼り付けても良い。
工程 4 のまつり縫いで縫い留める際は、リネン布は切りっぱなしの状態で良い。

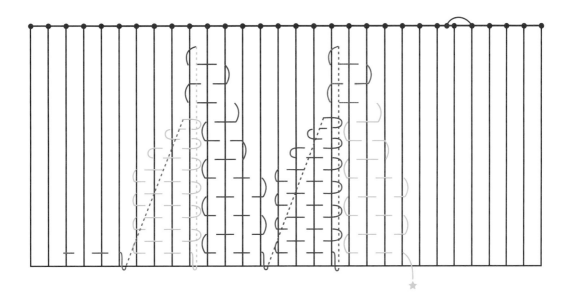

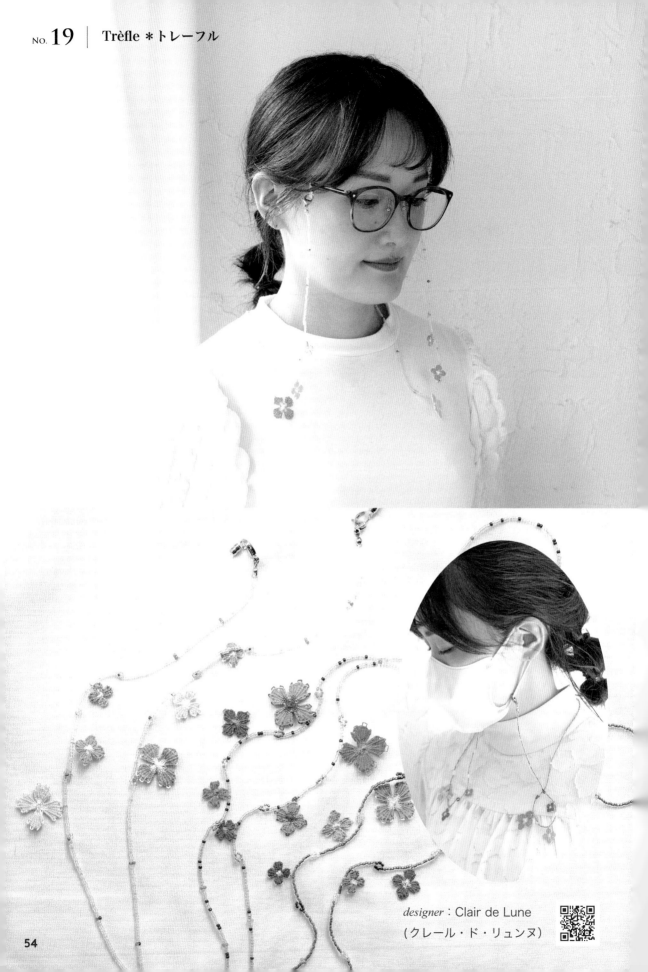

designer：Clair de Lune
（クレール・ド・リュンヌ）

designer：Clair de Lune
（クレール・ド・リュンヌ）

Trèfle＊トレーフル

1. ボールチップにテグスを通し、つぶし玉を通す。

2. テグスをもう一度つぶし玉に通してつぶし玉をつぶす。ボールチップを閉じる。
　　各ニャンドゥティの先端へ、丸カン B をつける。

3. ボールチップから丸小ビーズ、ファルファーレビーズ、丸カン B を規定の数と
　　位置へ通す。

4. 反対側もボールチップとつぶし玉で処理する。

5. ボールチップとカニカンを丸カン A でつなぐ。
　　カニカンにメガネチェーン用パーツを通す。

❶	カニカン（15×8mm／G）	2 コ	❽	ファルファーレビーズ	14 コ
❷	丸カン A（0.7×3mm／G）	2 コ	❾	テグス 3 号（110cm）	
❸	丸カン B（0.6×3mm／G）	6 コ	❿	コスモ hidamari　NO.201（スペック）	
❹	ボールチップ中（G）	2 コ	⓫	amo 300（水色）	
❺	つぶし玉（2mm／G）	2 コ	⓬	amo 417（白）	
❻	メガネチェーン用パーツ（G）	2 コ	⓭	amo 500（イエロー）	
❼	TOHO ビーズ　丸小	302 粒			

〈ビーズの通し順〉

1. ファルファーレビーズ 1 個→丸小ビーズ 20 個 ×3 セット
2. 花ビーズを作る→丸小 10 個→ニャンドゥティ小→丸小 10 個
3. 花ビーズを作る→丸小 10 個→ニャンドゥティ中→丸小 10 個
4. 花ビーズを作る→丸小 10 個→ニャンドゥティ大→丸小 10 個→花ビーズを作る
5. 丸小 28 個→ファルファーレビーズ 1 個 ×8 セット→丸小 28 個
6. 花ビーズを作る→丸小 10 個→ニャンドゥティ大→丸小 10 個
7. 花ビーズを作る→丸小 10 個→ニャンドゥティ中→丸小 10 個
8. 花ビーズを作る→丸小 10 個→ニャンドゥティ小→丸小 10 個→花ビーズを作る
9. 丸小ビーズ 20 個→ファルファーレビーズ 1 個 ×3 セット

大

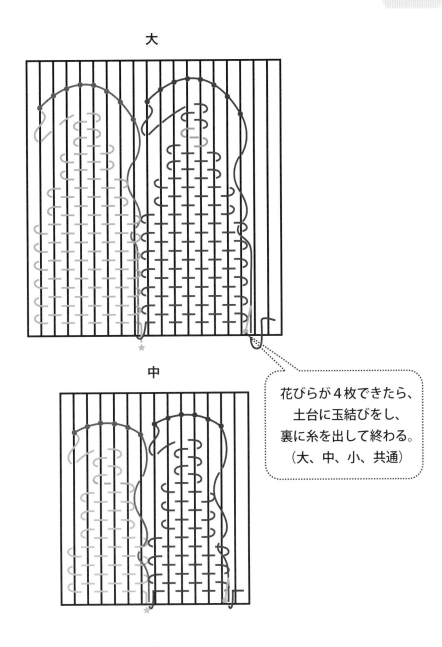

花びらが4枚できたら、
土台に玉結びをし、
裏に糸を出して終わる。
（大、中、小、共通）

中

小

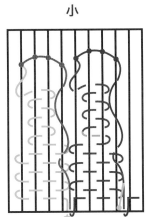

インディアの房飾り

1. インド刺繍リボンを蛇腹に折りたたみ、縫う。

2. ニャンドゥティを半分に折り、インド刺繍リボンに重ねて縫い留める。

3. インド刺繍リボンに接着剤を塗り、半円ワニカンで挟む。

4. ピアス金具をCカン、丸カンの順で半円ワニカンとつなぐ。

❶	ピアス金具　フック型（G）	1ペア
❷	丸カン（0.6×4mm / G）	2コ
❸	Cカン（3×4mm / G）	2コ
❹	半円ワニカン（1.5cm / G）	2コ
❺	インド刺繍リボン（7cm）	2本
❻	コスモ hidamari　NO.201（スペック）	
❼	コスモ hidamari　NO.302（マルチカラー）	
❽	コスモにしきいと　NO.22（真珠）	

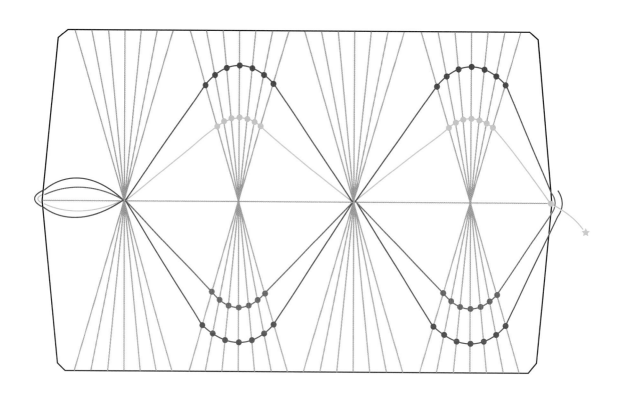

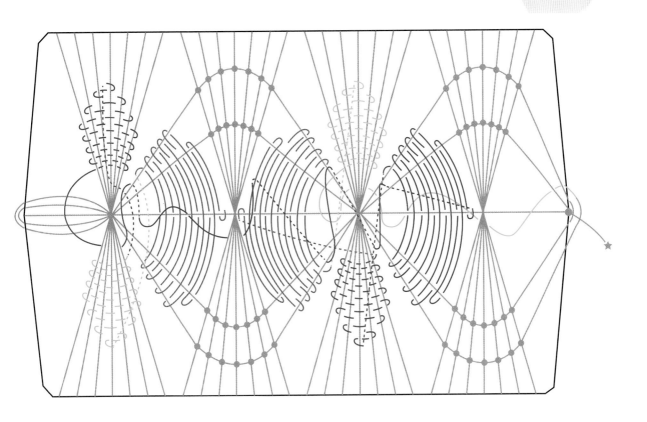

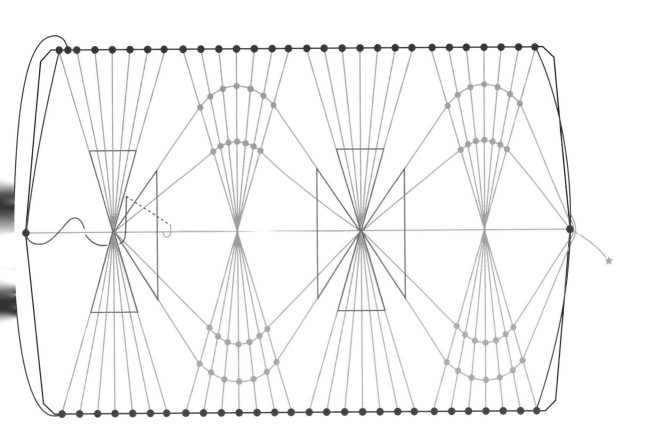

designer：cats paw

ぶどうのブローチ

1. グログランリボンの端に接着剤を少しつけ、ニャンドゥティを重ねて端同士を
貼り付ける。

2. 1を中心で半分に折り、ニャンドゥティの端に接着剤をつけ、リボン留めで挟む。

❶	カブトピン　1カン付き（4cm）	1コ
❷	リボン留め（2.5cm幅/G）	1コ
❸	2重カン（5mm）	1コ
❹	グログランリボン（2.5cm幅/8.5cm）	
❺	コスモ hidamari　NO.7（レッド）	
❻	コスモ hidamari　NO.201（スペック）	
❼	コスモ hidamari　NO.403（グラデーション）	

ブドウは裏表どちらから見ても中心に向かって房が伸びている形に織る。
逆側を織る際は刺繍枠を180度回転させ、リボンの反対側を作る。
① → ② → ③ の順番で織っていく。

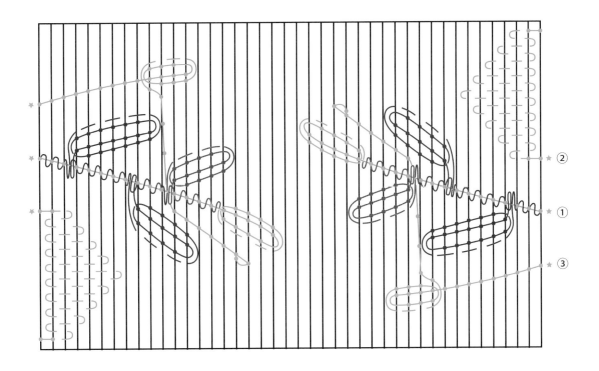

designer：TOM-TOM 古川美奈子

NO.23 ｜ 花リーフのピアス

ビーズたっぷりピアス

1. 9ピンにフラワーパーツを通し、先を曲げる。

2. ピアス金具、9ピン、ニャンドゥティを丸カンでつなげる。

❶	ピアス金具　フレンチフック(R)	1ペア
❷	丸カン (0.6×3mm 幅 / R)	4コ
❸	9ピン (0.5×15mm / R)	2本
❹	フラワーパーツ4片花 (グリーン / 8mm)	2コ
❺	コスモ hidamari　NO.12 (黄緑)	
❻	コスモ hidamari　NO.304 (マルチカラー)	

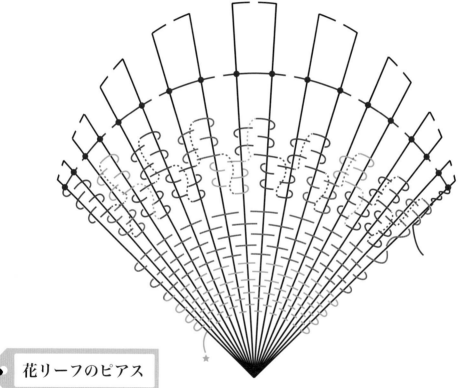

花リーフのピアス

1. 花リーフをピアスパーツの長い方へチェーンと丸カンでつなぐ。

2. ヤマリーフとリーフはそれぞれピアスパーツの先端へ丸カンでつなぐ。

❶	デザインチタンピアス　モビール (R)	1組
❷	センターシェイプチェーン (3cm / R)	2本
❸	丸カン (0.5×3mm / G)	8コ
❹	amo　220 (グリーン)	
❺	amo　1006 (グリーンオレンジミックス)	

花リーフ

リーフ

ヤマリーフ

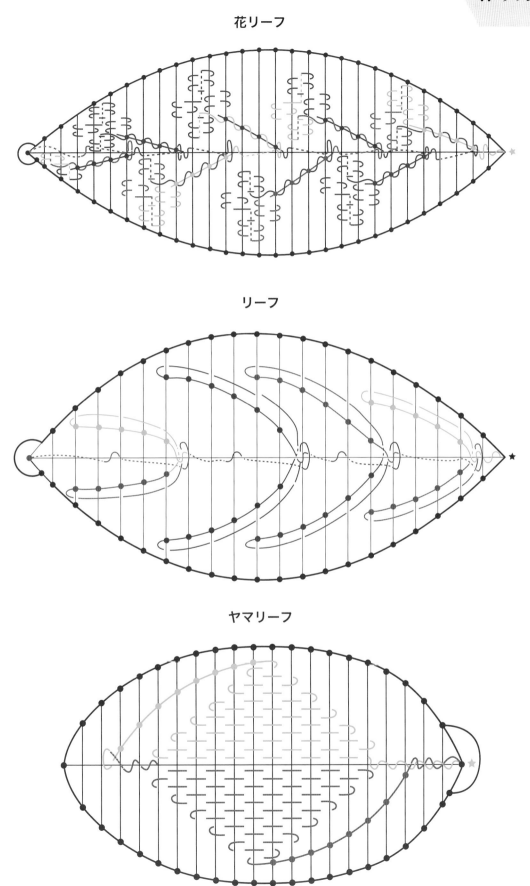

designer：塩崎のり子

オシャレな小瓶　サニタリーポーチ　ペーパースタンド

オシャレな小瓶

1. 小瓶の口部分にニャンドゥティを巻き、
　　両端をかがる。

❶	小瓶（直径 2.2cm〜3.1cm ほどの口径）
❷	amo　200（ピンク）
❸	amo　417（白）
❹	amo　912（オリーブ）

サニタリーポーチ

1. ニャンドゥティをポーチの端から 3cm の位置に縫いつけるか布用ボンドで貼り付ける。

❶	完成済ポーチ（11cm 四方）
❷	コスモ hidamari　NO.2（ブルー）
❸	コスモ hidamari　NO.10（ピンク）
❹	コスモ hidamari　NO.103（点絣）

ペーパースタンド

1. 切り株メモホルダーにニャンドゥティ
　　を巻き、両端をかがる。

❶	切り株メモホルダー（3×3cm）
❷	コスモ hidamari　NO.14（マスタード）
❸	コスモ hidamari　NO.17（グリーン）
❹	コスモ hidamari　NO.104（点絣）

 POINT 同じデザインのニャンドゥティでも長さや幅を変えて、多様な作品に展開できる。

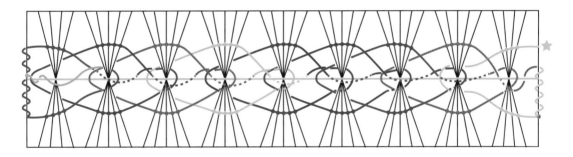

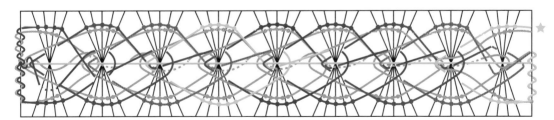

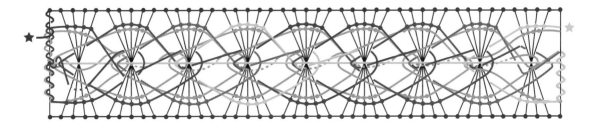

designer：塩崎のり子

スペシャルなリボン

1. ちりめん生地は長い辺を合わせて半分に折り、縫い代1cmで周囲を縫う。
この時、返し口として4cm開けておく。

2. 返し口から布を返す。返し口を縫う。

3. 布の中心を糸でくくり、リボン状にする。

4. ニャンドゥティを輪にし、端同士をかがる。

5. ニャンドゥティの中心を糸でくくり、リボン状にする。

6. ニャンドゥティとちりめん生地を重ねて糸で縫う。裏にコームを縫いつける。

❶	ちりめん生地（赤/14×26cm）	1枚	❹	コスモ hidamari　NO.6（薄ピンク）
❷	10本足ヘアコーム（黒）	1コ	❺	コスモ hidamari　NO.9（赤）
❸	コスモ hidamari　NO.3（白）		❻	コスモ hidamari　NO.10（ピンク）

＜アラサペアレンジ：オブリクォ＞
通常のアラサペと同じように花を作ってから、種の代わりに玉結びで模様を作ります。
二本の線が重なる部分では重ねて玉結びをします。

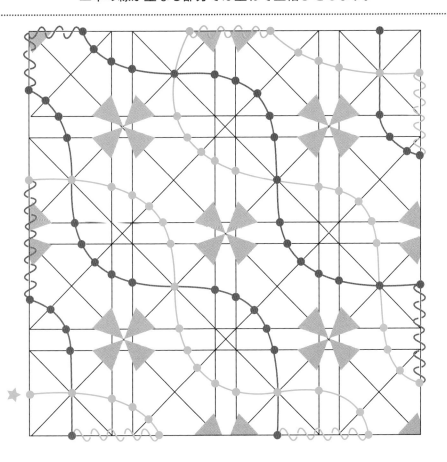

フォークロアカチューシャ

1. 型紙のサイズは半分になっているので、倍の長さにして使用します。

2. コットンリネン布は中表にし、長い辺のみを5mm縫い代で縫い表に返す。

3. 布の表にニャンドゥティを縫いつける。

4. カチューシャパーツを布の中に入れる。

　　布の両端をカチューシャに沿うように三角にカットし、縫う。

5. 布の端にグログランリボンを巻きつけ、余分な部分はカットし、布用接着剤で貼り付ける。

❶ カチューシャパーツ	1コ	**❺** コスモ hidamari　NO.14 (マスタード)
❷ コットンリネン布 (紺 / 5×40cm)	2枚	**❻** コスモ hidamari　NO.17 (グリーン)
❸ グログランリボン (黒 / 38mm幅 /7cm)	2本	**❼** コスモ hidamari　NO.403 (グラデーション)
❹ コスモ hidamari　NO.13 (ブラウン)		

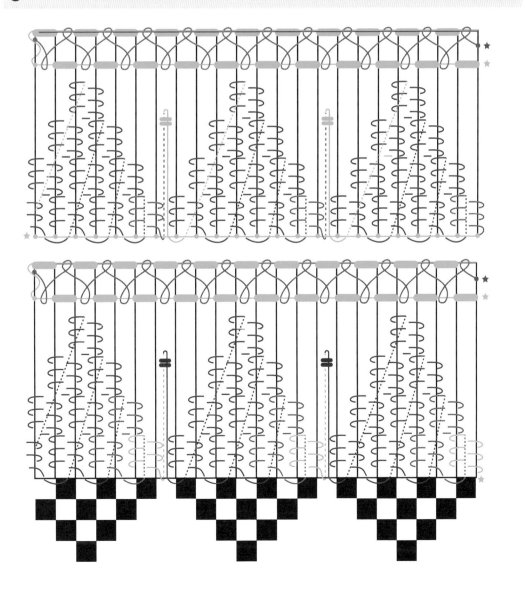

designer：おちおりえ

小粋なレースブックマーク

小粋なレースブックマーク

1. フェルトは型紙（P 123）と同サイズでカットする。

2. ニャンドゥティをフェルトに重ね、直線部分（底辺以外）をブランケットステッチでかがる。

3. ニャンドゥティの頂点に丸カンでタッセルをつける。

❶	型紙と同サイズのフェルト（グレー）	1枚
❷	丸カン（0.6×4mm / AG）	1コ
❸	タッセル（4cm）	1本

ニャンドゥティ

❶	amo 220（グリーン）
❷	amo 620（グレー）
❸	amo 912（カーキ）
❹	amo 1000（ブルーミックス）

タッセル

| ❶ | コスモ hidamari　NO.13（ブラウン） |
| ❷ | コスモ hidamari　NO.17（グリーン） |

A

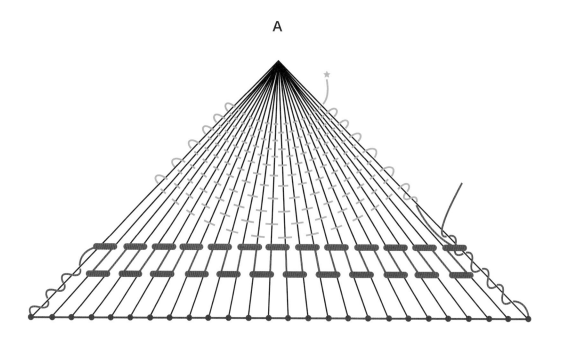

B

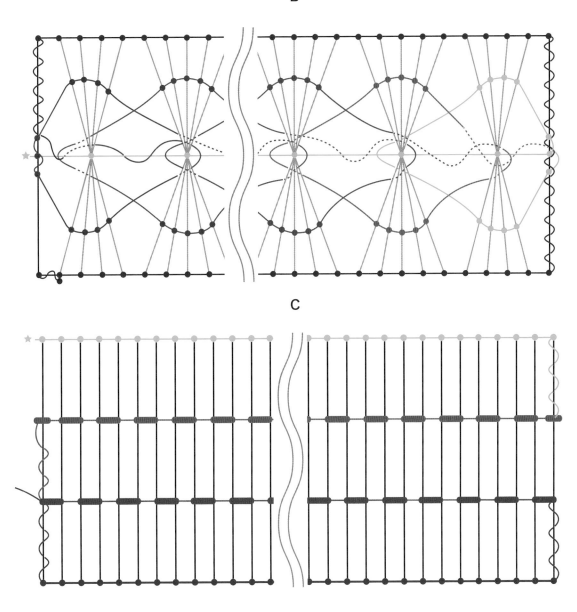

C

1、A、B、C 各パートをそれぞれ仕上げる。
A の土台糸→A の模様→B の土台糸→B の模様→C の土台糸→C の模様の順。
2、A と B の土台糸を張るときは、四角形の繋ぎ（P107）の
【1 本つなぎを入れる場合】（P109）を使う。
A の土台糸全てに 1 本ずつ B の土台糸を絡める。
3、B と C の土台糸を張るときは、【基本の織り方】（P108）を使う。

お呼ばれコサージュ

1. リボンのニャンドゥティは端から巻く。巻終わりに接着剤をつけてとめる。
　 これを花の中心とする。

2. 円形ニャンドゥティは全て半分に折り、接着剤を少しつけてとめておく。

3. 半円ニャンドゥティの端に接着剤をつけ、花の中心の周りに少しずつずらしながら
　 バランス良く6枚を貼り付けていく。

4. コットンリネン布に接着剤を塗り、造花用フラワーリーフを花の底につける。

5. コサージュピンをコットンリネン布に貼る。

❶	コサージュピン (3cm / R)	1 コ	❺	コスモ hidamari　NO.20 (生成り)	
❷	コットンリネン布 (直径 3cm)	1 枚	❻	amo　417 (白)	
❸	造花用フラワーリーフ (70×48mm)	2 枚	❼	amo　619 (ブルーグレー)	
❹	コスモ hidamari　NO.5 (紺)		❽	amo　620 (グレー)	

> 1. 円形ニャンドゥティは 7cm 1 枚、8cm 2 枚、9cm 2 枚、10cm 1 枚で織る。
> 2. 各サイズのニャンドゥティは、フィリグラナ (P111)、アラサペ (P114)、
> 　 どのデザインを入れても良い。
> 3. リボンのニャンドゥティは P122 の 2.5×20cm の型紙を使い、P67 の
> 　 モチーフを編む。

円形

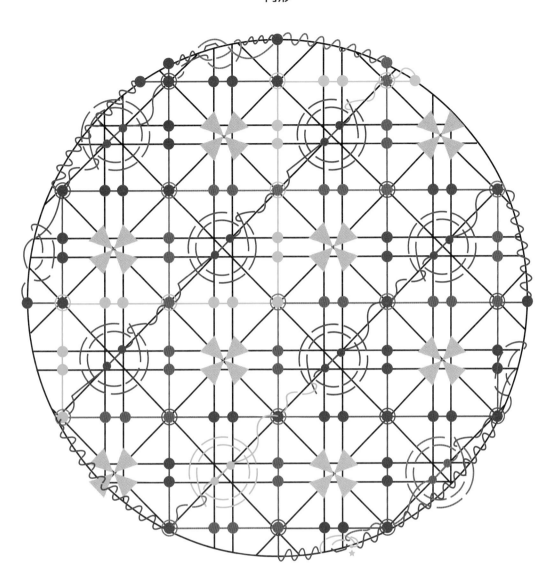

円形の拡大図

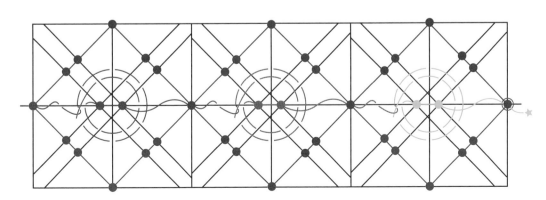

Ñanduti Gallery

ニャンドゥティにまつわる写真コーナー

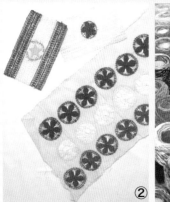

① 布から切り取る前の天日干しの様子

② パラグアイのママからいただいた友情の証

③ パラグアイの糸屋さん

④ カラーが調和する色とりどりのニャンドゥティ

⑤ 陶器も有名な工芸品

⑥ ニャンドゥティドレスを身につけた女の子

①

②

③

④

① マテ茶容器を引き立たせるニャンドゥティの
　敷物

② 南米有数の親日国パラグアイ。ニャンドゥティ
　の国旗が民家の軒先に並ぶ。

③ 1年の期間を経て完成した直径2mもの大作

④ モデル：著者娘 5歳

⑤ ミシン糸ほどの細い糸で作られた作品

⑤

① 美しいニャンドゥティを作る職人

② 職人が生み出す "糸の芸術"

③ 多様なモチーフが編み込まれた作品

④ ドレスの袖を制作中

⑤ １歳の誕生日を迎えた長男のために制作

⑥ 配色含めてオーダーした大人用ドレス

⑦ ニャンドゥティでよく使われる蝶のデザイン

①

②

③

① 娘さんの入学式に合わせて制作されたワンピース
　by maniko

② 長男の退院着用に制作した新生児3点セット

③ 祝祭で着用するドレス

④ パラグアイのお土産やさん

⑤ ニャンドゥティ(蜘蛛の巣)を模した民家の窓

④

⑤

Student artwork

千森 麻由先生の生徒さんたちの作品をご紹介します。

津田 小聖

Y. Nishimura

溝端 由美

田村 佳世子

川田 純子

釋 真澄

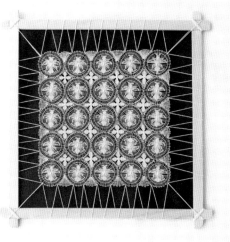

Mie Nakaoka

石本 明子

Mana Ikeda

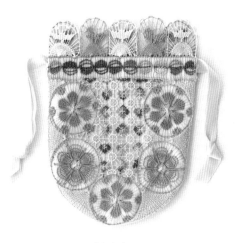

堀尾 尚子

Akiko

刺繍教室　me sugar

著者プロフィール

千森 麻由

Ñanduti Academy kerana（ニャンドゥティアカデミーケラナ）代表

世界中の郷土料理を学ぶための世界一周中にニャンドゥティに出会う。素朴ながら美しい手仕事に惹かれ、職人に直接教えを請い、1年に1回7年間に渡りパラグアイを訪れ技術を習得。ニャンドゥティ職人の高齢化・後継者不足・低賃金といった問題に直面していることを知り、伝統を伝えてい

女性起業家賞受賞

くため普及活動を決意する。人によって呼び方や針運びが違う曖昧な伝統を、わかりやすく誰にでも同じものが作れるようにと10年間研究を続け、各種テクニックやルールを確立。ニャンドゥティを基礎からしっかり学び、確実に上達していけるよう工夫を凝らした独自のカリキュラムは、講師・生徒ともに分かりやすいと好評。日本の方々が手仕事を楽しんだ結果がパラグアイの支援につながるようにと、認定講師と共に活動の売り上げからパラグアイ支援団体へ寄付を続けている。kerana はパラグアイの言葉グアラニー語で夢を意味する「kera」と絆を足した造語。テレビ、ラジオ、雑誌、新聞、Webなど、多数のメディア出演や掲載実績あり。プライベートでは1女1男の母。

教室情報

基礎コースからマスターコース、認定講師として活動できる講師科など希望に応じたカリキュラムで、ステップアップしながら技術を身につけられる講座を開講中。大阪・大正本店教室を中心に京都・兵庫でも教室を開講。オンラインレッスンや生徒のスケジュールに合わせたプライベートレッスンも随時開催。
2023年、パラグアイのニャンドゥティ糸に風合いが相似した日本初のニャンドゥティ専用糸「amo」を京都の老舗染色会社アートファイバーエンドウと共同開発。教室では糸の購入もできる。

ニャンドゥティで作った
ぬいぐるみの服

教室の様子

Ñanduti academy kerana
教室情報、イベント情報などを掲載
ニャンドゥティ専用枠なども購入可能

著者HP　http://nanduti.jp

Instagram　@kera_nanduti

公式LINE　レッスンの予約や問い合わせはこちらから

布張り法

パラグアイで使われている、四角いニャンドゥティ専用枠の布張り法。布がたるまないように、しっかり張ります。
作品のサイズによって、専用枠のサイズも変わります。パラグアイでは内径15cmのものから、
1m以上にもおよぶ大きなものまで使い分けて作品を作ります。木枠購入先：http://nanduti.jp

専用枠の布張り法

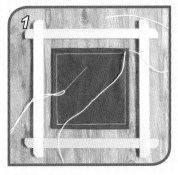

布は木枠の内枠に沿ってカットし、1cm折り返して周囲を縫う。布の角へ裏からタコ糸を通す。

針のついていない方の糸端を、木枠の角に引っ掛けを作りながら、巻き付けて留める。

木枠の上から布の裏へ針を通し、縦の辺をかがっていく。一辺に5回針が通れば良い。

布の角は木枠の股にも糸を通し、3回針が通るように縫う。

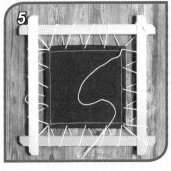

一周かがったところ。

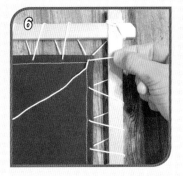

かがり始めた糸から外側へ糸を引き、たるみを取る。

たるみが取れて布が張れたら、最後の糸端は工程2のように引っ掛けを作り糸が外れないようにする。

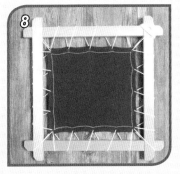

ニャンドゥティ専用枠の布張りが完成。

POINT

布は太鼓の腹のようにパンパンに張ることが大切。専用枠は四方から布を引っ張って留めるため、より美しいニャンドゥティが編める。

刺繍枠の布張り法

内枠に布をのせてから外枠を重ね、たるまないように布を引きながら、ねじをしっかりと締める。

内枠にあらかじめ布をまきつけておくと、布が滑らず、よりしっかりと布を張ることができます。

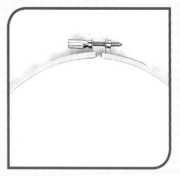

ネジは利き手と逆側に来るようにすると作業しやすい。

図案を写す

枠に布を張る前に印をつける

メリット：写しやすく、内側にも印をつけることができるため作業がしやすい。
デメリット：枠に布を張るときにゆがみやすい。

机などの上で、布、チャコペーパー、図案の順に重ね、テープなどで固定する。

図案をボールペンなどでなぞる。写し終わってから布を刺繍枠に張る。

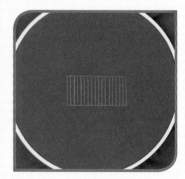

完成。

裏面に印をつける

メリット：印をつけやすく、完成品がゆがみにくい。布ごと使用しても印が目立たない。
デメリット：表から印を確認できないため、慣れないと作業しづらい。

布を張った刺繍枠を裏返し、チャコペーパー、図案を重ね、ボールペンなどでなぞって印をつける。

完成。

布を透かして印をつけてもよい。

布に直接型紙をあてて印をつける

メリット：完成品がゆがみにくい。必要な道具が少なくて済む。
デメリット：布が浮いた状態で描くため、写しづらい。図案の内側に印をつけられない。

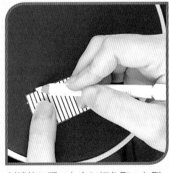

刺繍枠に張った布に切り取った型紙を重ね、縁をチャコペンなどでなぞって印をつける。

透かせる場合は布を透かして印をつけてもよい。

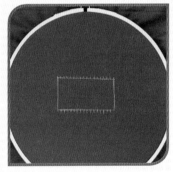

完成。

一枚の布で複数のモチーフを作る場合、モチーフの間は最低でも 1cm 程度開けます。
本書の説明では完成図がイメージしやすいように輪郭線を全て描いていますが、慣れてきたら針を刺す位置だけの印付けでも問題ありません。

基本の織り方

土台の糸が何本であっても、土台糸の張り方は同じです。
放射状に土台糸を張れる形ならば、花形やひし形なども同じ方法で作ることができます。

円形の土台

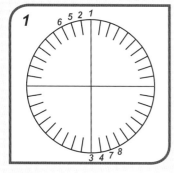

布に印つけをする。

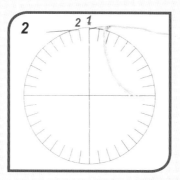

玉止めをしていない糸を1→2の順番で通す。

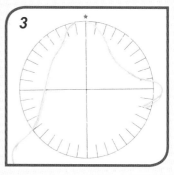

写真のような状態になるまで糸を引く。

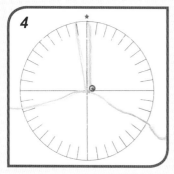

円の中心で糸をかた結びする。中心にまち針を刺すと作業しやすい。

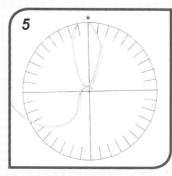

結び目から余った糸を3mmほど残して切る。

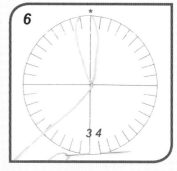

3→4と針を刺す。

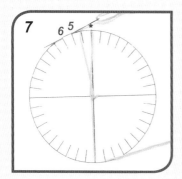

5→6と針を刺す。

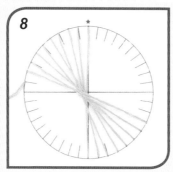

反時計回りに繰り返して印を拾っていく。

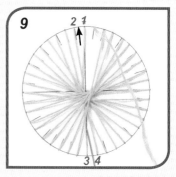

交差しているすべての糸をすくうように、3と4の間から、布に沿わせて針を入れる。1と2の間から針を出して引き締める。

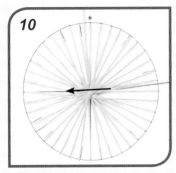

交差しているすべての糸をすくうように真横から針を入れる。きれいに四分割できない図案はだいたいでよい。

工程10でできた輪の中に針を通す。

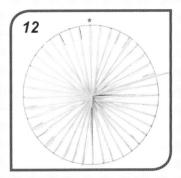

円の中心へ糸を引き上げ、中心で糸を束ねる。

中心の二重の織り（花びら型）

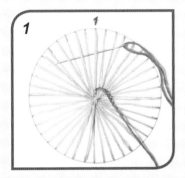

土台の「1」からスタートし、反時計回りに数える。奇数目をすくって1周する（ここでは40本の本数を使って説明）。

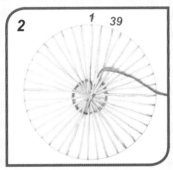

1からスタートし、39まですくったところ。

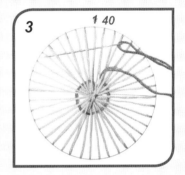

40と1の上を通り、偶数目をすくって1周する。

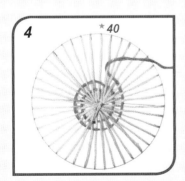

40まですくい、二重に織りが入ったところ。

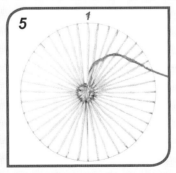

写真では分かりやすくゆるく織っているが、本来はこのように中心へ糸を引き締める。模様の織りは1の糸からスタートする。

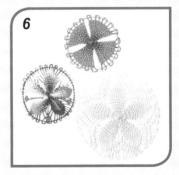

花びら型を用いたモチーフ例

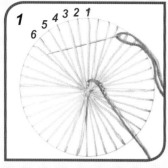

土台の「1」からスタートし、反時計回りに数える。奇数目をすくって1周する（ここでは40本の本数を使って説明）。

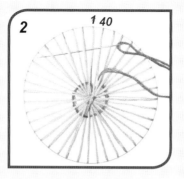

40と1の上を通り、偶数目をすくって1周する。

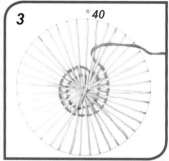

40まですくい、二重に織りが入ったところ。

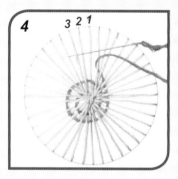

1と2の上を通り、3をすくう。

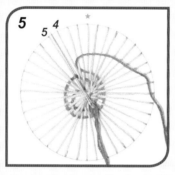

織りの2周目をすくいながら、4と5の間に針を出す。

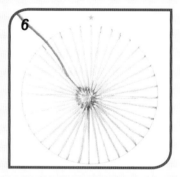

写真では分かりやすくゆるく織っているが、本来はこのように中心へ糸を引き締める。

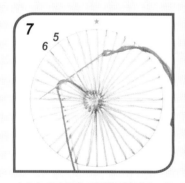

中心に2本取りの玉結びを作っていく。5と6で玉結びをスタートする。

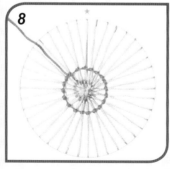

2本取りの玉結びで一周したところ。

※玉結びの詳しい作り方はP97

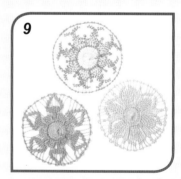

玉結び型を用いたモチーフ例

前の段と同じ本数の土台糸を、1本おきにすくいながら往復します。

中心の二重の織りが終わった後に作業します。

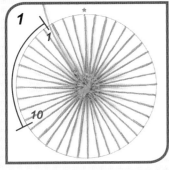

糸繋ぎの方法で、土台糸の端に模様糸をつなぐ。つないだ位置のすぐ左の土台糸を1とする。10本を1ブロックとして織る。

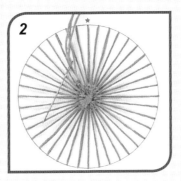

最初のブロックの偶数目にあたる土台糸をすくう。

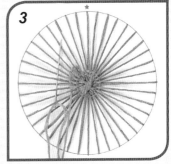

折り返してブロックの奇数目にあたる土台糸をすくう。

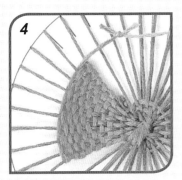

工程2、工程3を繰り返して模様が好きな大きさになるまで織る。（見本は12段）

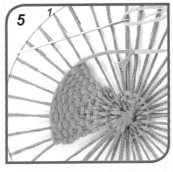

1の土台糸をすくう。

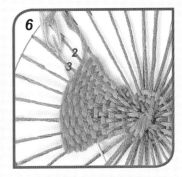

2の土台糸と3の土台糸の間に針を入れ、布と模様の間を通して次のブロックとの間に出す。

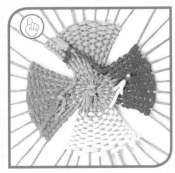

模様糸を変えた場合、結び目は模様の後ろに隠れる。模様糸は花びらを斜めに横切る。

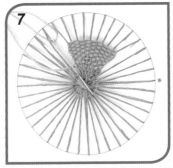

中心に向かって、中心の織りの二周目をすくう。

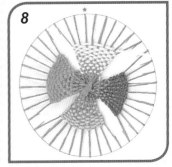

工程2〜8を繰り返して4枚の花びらを織り、完成。

減らし目説明

減らし目は、折り返すごとに、使用する土台糸を左右一本ずつ減らしていく織り方です。原則として減らし目は模様の左側から始めます。土台の本数によって、左右１本ずつ減らすと最後の２本の土台糸の間を、上から下りれない場合は、最後の折り返しで残った２本の土台糸を両方ともすくって、重なりを調整してください。

8本の場合

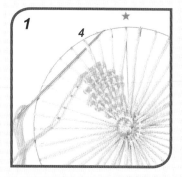

左から減らし目をスタートし、織りの最後は模様の右から４本目を写真のようにすくう形で終わる。

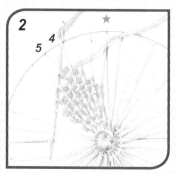

４と５の間から下りる。

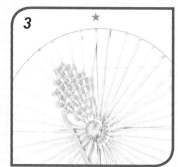

8本の減らし目完成。

6本の場合

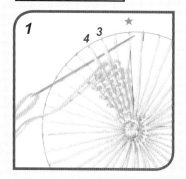

左から減らし目をスタートし、最後の２本で通常通り織ってしまうと上から下りれないので、織りの最後は模様の右から３本目と４本目を写真のように２本まとめてすくう。

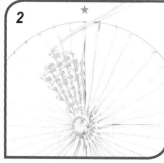

２本まとめてすくったところ。

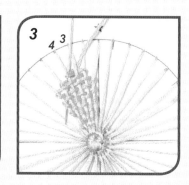

３と４の間から下りる。

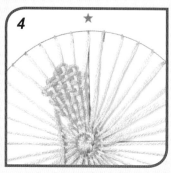

6本の減らし目完成。この形は10本の減らし目の場合も適用。

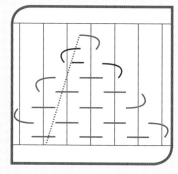

２本の土台糸を両方すくって、重なりを調整する。

正方形や、長方形を作る場合の土台の張り方です。
土台糸の本数を増やしてリボン状のニャンドゥティを作ることもできます。

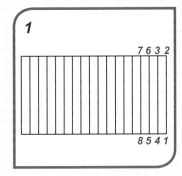

布に印をつける。糸は玉止めをしておく。

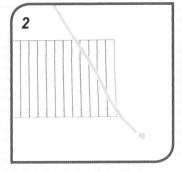

印から1cm程度離れた位置で1目なみ縫いをする。

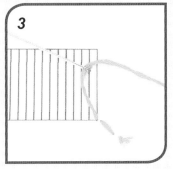

1の印より1mmほど右側から針を入れ、1の印から出す。

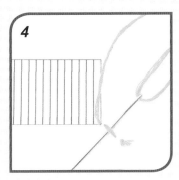

表に出ている糸をすくう。

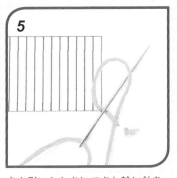

糸を引いたときにできた輪に針を通す。

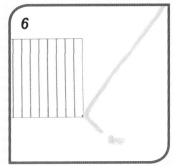

糸を引き締めると角の部分に玉結びができる。

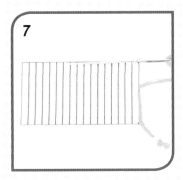

針を2から3へ通す。土台糸のゆがみが心配な場合、写真のように土台糸の中心付近を少しくってもよい。

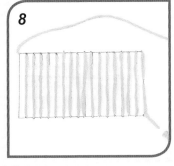

番号の順に印を拾って土台糸を張る。

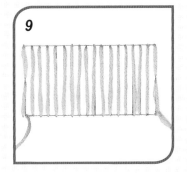

最後は、印より1mmほど外側から針を刺して印へ通す。

10 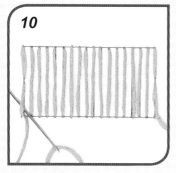	**11** 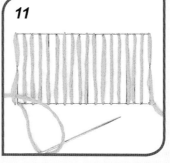	**12** 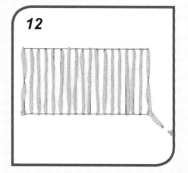
左端の土台糸をすくう。	糸を引いたときにできた輪に針を通す。	糸を引き締め、玉結びの真下に針をさして裏へ引き抜く。

リーフ土台

1 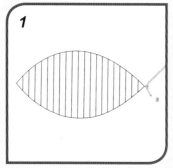	**2** 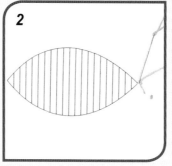	**3** 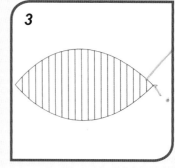
四角形の土台糸の張り方工程1～工程5と同じようにして端に玉結びをつくる。	玉結びの真下に針をさし、裏へ引き抜く。	次の印の位置から針を出す。
4 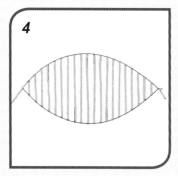	**5** 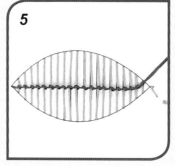	**6** 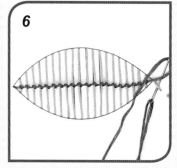
四角形の土台糸の張り方と同じように全ての土台糸を張る。	糸を折り返して、両端を除いたすべての土台糸に順に玉結びをし、リーフの中心線を作る。	最後は、最初の玉結びの外側に玉結びを作る。

7

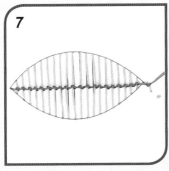

玉結びができたところ。

8

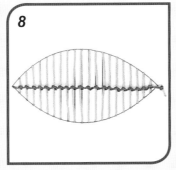

針を布に刺し、裏面に引き抜いて
完成。

三角形の土台

1

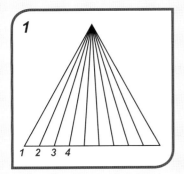

布に印をつける。糸は玉どめをし
ておく。

2

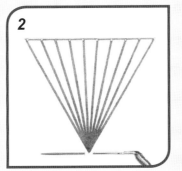

頂点の印が中心になるように3mm
程度の幅で針を差し、糸を通す。

3

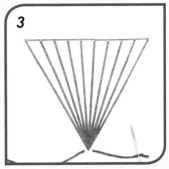

玉どめのすぐ下の位置で糸を割り、
針を通す。

4

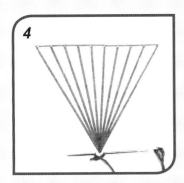

頂点の位置が中心になるようにも
う一度針を通す。

5

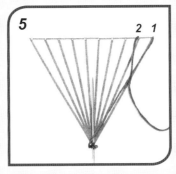

1、2の印を拾ってから頂点の糸
の下に針をくぐらせる。

6

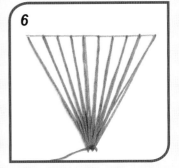

数字の順に印を拾いながら工程5
を繰り返して土台糸をすべて張る。

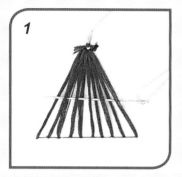

土台糸の端に模様糸をつなぎ、土台糸を1本おきにすくう。

工程1ですくわなかった土台糸を全てすくう。

繰り返して往復しながら織り、最後は端の土台糸に二回巻く。(見本では11段)

土台糸の端に玉結びを作り、ふちをかがる。

端の土台糸に模様糸を二回巻き付ける。

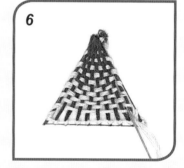

数段分模様の中に針を通す。

針先を布に刺し裏に引き抜いて完成。(見本では糸の動きを分かりやすくするため表で作業を終えています)

基本の玉結び

ニャンドゥティで最もよく使用するのが玉結びを作る作業です。模様を作るときの他、
モチーフの周囲をかがるときや、糸の終わりを始末するときも、すべて手順は同じです。

基本の玉結び

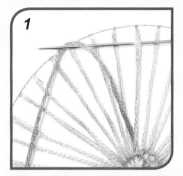

1

玉結びをしたい糸をすくい、針先
に上から糸をかける。

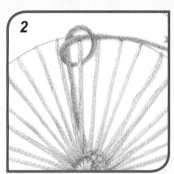

2

針を引き抜き、右側へ糸を引きな
がら結び目の位置を調整する。

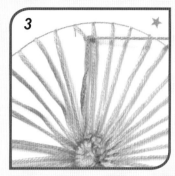

3

結び目が小さくなったところ。

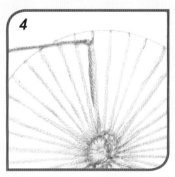

4

糸を左へ倒してしっかり引き、結
び目を整える。

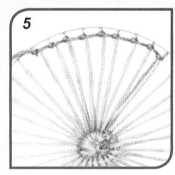

5

玉結びを続けて作っていくとライ
ンができる。

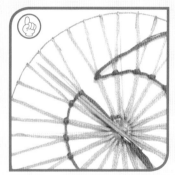

玉結びで一周した場合、1つ目の
玉結びと2つ目の玉結びの間をす
くって次の織りに入る。

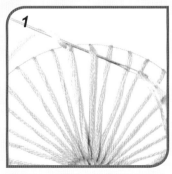

1

右方向に玉結びを作りたい場合は、
右から写真のように針を入れ、針
先に上から糸をかける。

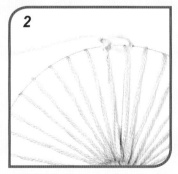

2

針を引き抜き、左側へ糸を引きな
がら結び目の位置を調整する。

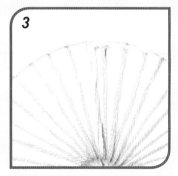

3

糸を右へ倒してしっかり引き、結
び目を整える。

ニャンドウティのテクニック

全てのニャンドウティはいくつかのテクニックが組み合わさってできています。
ここでは代表的なテクニックを3つご紹介します。

結び織り

玉結びを作り、その上を織りで返るテクニックです。
ラインを作るときによく使われます。

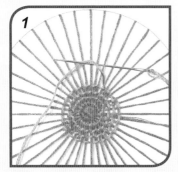

規定の本数に玉結びを作る。

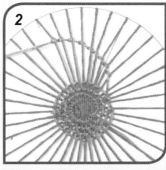

玉結びは斜めになるように位置を
整える。

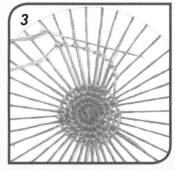

玉結びの上へ1本おきに織りを入
れ、玉結びのスタート位置へ戻る。

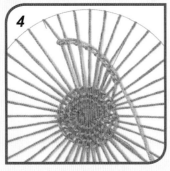

テクニック"結び織り"の完成。

花リーフのピアス（P63）、大人シックなネックレス
（P34）、ニードルブック（P50）、で使われています。

2本まとめてすくった後に、針を返して手前の1本をすくうことを繰り返し、
小さな織りで模様を作るテクニックです。

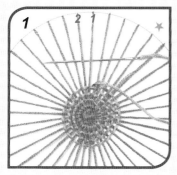

模様のスタート位置を1とする。
最初に1・2をまとめてすくう。

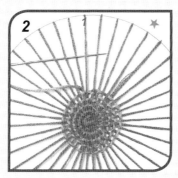

針を返して、1をすくう。

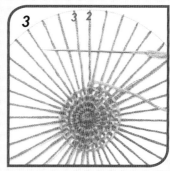

2・3をまとめてすくう。

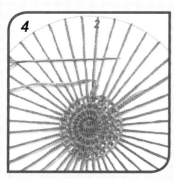

針を返して2をすくう。

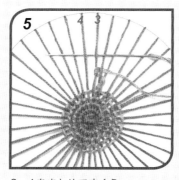

3・4をまとめてすくう。

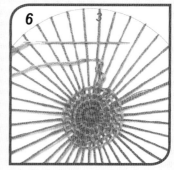

針を返して3をすくう。

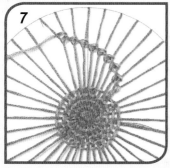

繰り返してできる模様をテクニッ
ク"2目1段"と呼ぶ。

2目1段は、鳥とアカシアと蜘蛛の巣のモビール
（P28）で使われています。
2目3段は、星のバッグチャーム（P20）、
アルファベットのブレスレット（P24）、
お裁縫道具のためのポーチ（P50）で
使われています。

2本まとめてすくった後に、その2本の上で3段重ねることを繰り返します。

小さなブロックを積み重ねたような見た目のテクニックです。

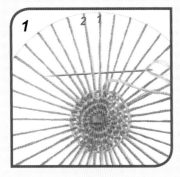

模様のスタート位置を1とする。
最初に1、2をまとめてすくう。

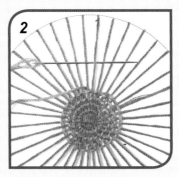

針を返して、1をすくう。

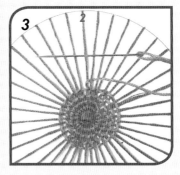

針を返して、2をすくう。

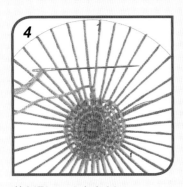

針を返して、1をすくう。

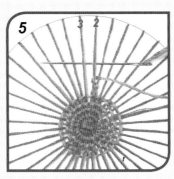

2、3をまとめてすくう。

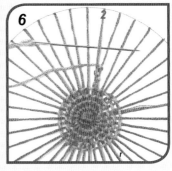

針を返して、2をすくう。

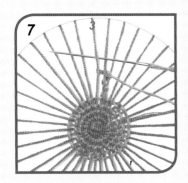

針を返して、3をすくう。

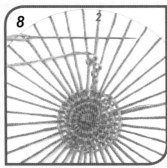

針を返して、2をすくう。

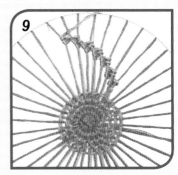

繰り返してできる模様をテクニック"2目3段"と呼ぶ。

糸のつなぎ方

一度にとる糸があまりに長いとからみやすく、糸自体も毛羽立ちやすくなります。
最大でも糸は自分の腕を広げたくらいの長さを目安にして、それ以上使用する場合は都度つないで糸を足します。

パラグアイの伝統的なつなぎ方

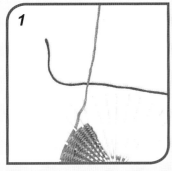

1

元の糸（青）を、新しい糸（赤）に十字になるように重ねる。

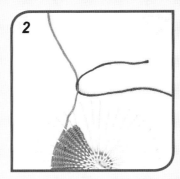

2

赤糸を横方向に4cmほど折り返す。

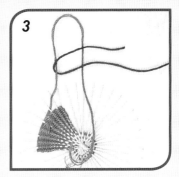

3

青糸を曲げて、先端を赤糸2本の下に通す。

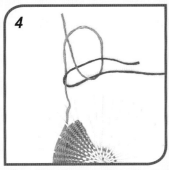

4

青糸の先端を、工程3でできた輪に通す。

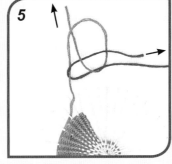

5

糸を矢印の方向へ引きながら結び目の位置を調節する。勢いよく引いたり、引く方向を間違えたりするとほどけてしまう。

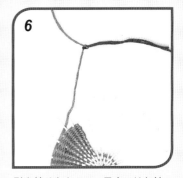

6

引き締めたところ。日本のはた結びと同じ結び目ができる。

針を差し込んで糸を引き締めると、引く方向を間違えても抜けないため、作業しやすい。

引き締め終わったら、針を抜いて再度引き締める。

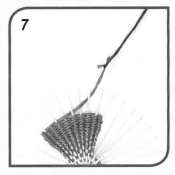

7

端を2mmほど残して余計な糸を切り、完成。

簡単なつなぎ方

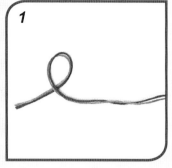

1

２本の糸を揃え、先を丸めて輪を
つくる。

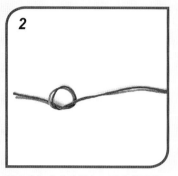

2

輪の中に糸先を通して引き締める。

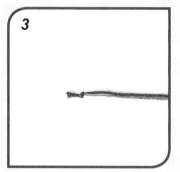

3

端を2mmほど残して余計な糸を
切り、完成。

つなぎ方のポイント

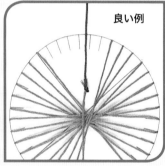

良い例

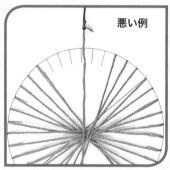

悪い例

土台糸を足す場合は必ず、布につ
けた印より内側で糸をつなぐよう
にする。

布につけた印より外側で糸をつな
ぐと玉結びが布に引っ掛かってし
まう。

結び目の隠し方

1

模様を織った後に、針の後ろのほ
うで結び目を裏に押し込む。

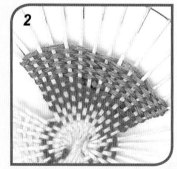

2

結び目が隠れたところ。

土台糸に直接結びつける（途中から糸をつなぐ方法）

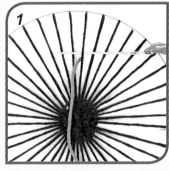
結び付けたい位置の近くから針を
出し、土台糸をすくう。

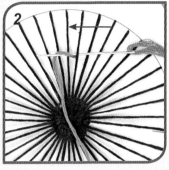
針先に糸をかけて、布の裏面で糸
端を抑えながら矢印のほうに引く。

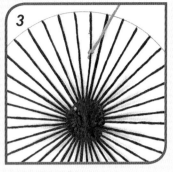
完成。

POINT

玉結びを隠すスペースがない場合、一度模様糸を区切り、この方法で新しく次の糸を
つなぎなおすとよい。あとで布を外しやすいように、糸端に玉留めは作らない。

縁取りの途中で糸を足す方法

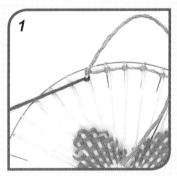
「途中から糸をつなぐ方法」で、新
しく足す糸（赤）を土台糸につなぐ。

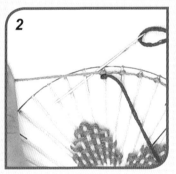
輪郭線に沿うように元の糸をおさ
え、新しい糸を結びつけた隣の土
台糸とまとめてすくう。

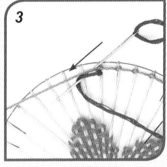
新しい糸を針先に写真のようにか
け、矢印の方向へ引き抜く。

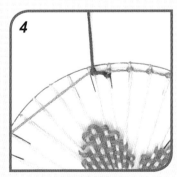
元の糸を巻きこんだ玉結びができ
る。

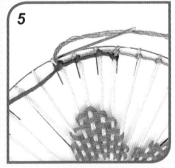
玉結びを数回繰り返したのち元の
糸を針に通し、玉結びの下に差し
て裏へ引き抜く。

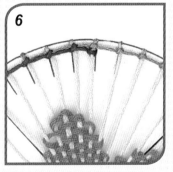
新しい糸で続きの縁取りをする。

ニャンドゥティの閉じ方

ニャンドゥティの終わりは、玉結びで縁取りを作ってほどけないようにします。
最終的な糸の処理は布から外すときにおこなうので、糸端は切りすぎないように気をつけます。

モチーフと同じ色で縁取る

モチーフを織り終わった位置の土台糸に、数回模様糸を巻き付けながらニャンドゥティの輪郭に移動する。

輪郭に沿って土台糸一本ずつに玉結びを作る。

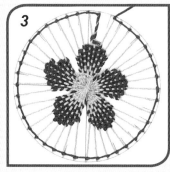

玉結びを一周作り終わったところ。

一つ目の玉結びと二つ目の玉結びの間に針を寝かせて入れ、針先に写真のように糸をかける。

円の中心に向かって針を引き抜くと玉結びができる。最初の玉結びと最後の玉結びは重なる。

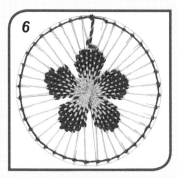

針を玉結びの真下に刺して裏へ引き抜く。

余った糸は裏側で引っ張ってから、数センチ残してカットする。

モチーフと別の色で縁取る

1 モチーフの織り終わりの位置に玉結びをつくり、針を布に刺して裏へ引き抜く。

2 「途中から糸をつなぐ方法」で玉結び用の糸を土台糸につなぐ。

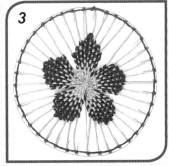

3 「モチーフと同じ色で縁取る」の工程2〜6と同じように輪郭に沿って玉結びで縁取り、糸端を処理する。

よりしっかりと閉じる方法

1 通常通り一周縁取った後、1つめの玉結びと2つめの玉結びの間に針を寝かせて入れる。

2 縁取りの上に玉結びをつくる。

2本取りの玉結びで縁取る

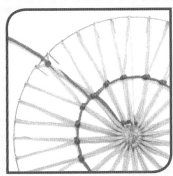

土台糸を2本すくって玉結びを作る。

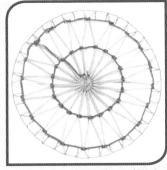

続けて一周玉結びを作って縁取り、糸端を処理する。

POINT

土台糸の形や、すくう土台糸の本数が変わっても手順は変わらない。

ニャンドゥティの取り外し方

完成したニャンドゥティは、糊をつけて形を整えてから取り外します。

あくまでも取り外しのための糊付けなので、外したあとはぱりっとした状態にならなくても構いません。

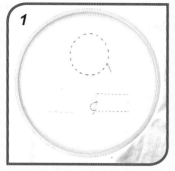

1

出来上がったニャンドゥティを刺繍枠ごと裏返し、輪郭線より1センチほど内側の布を切り取る。

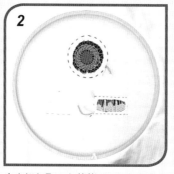

2

布を切り取った状態。
内側の布を切り取れない小さい作品や、裏面から見て土台糸で囲まれていない作品はこの工程は省略する。

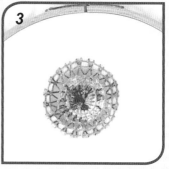

3

刺繍枠にはめたまま、ニャンドゥティ全体とその周囲の布に糊を塗る。両面とも塗ったら完全に乾かす。

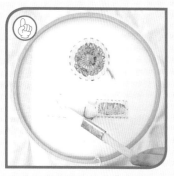

4

こすると糸が毛羽立つため、糊はぽんぽんと置くようにつける。

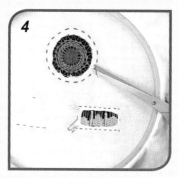

裏面にはみ出た余分な糸を切る。

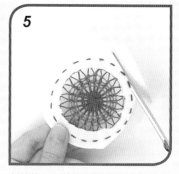

5

刺繍枠から外し、裏面から位置を確認しながら、ニャンドゥティの輪郭線ギリギリで布を切る。

悪い例

表から見ながら切ると土台の糸を切ってしまうため必ず裏面から確認しながら切る。

6

残った布を指で引っ張って外す。布がうまく取れない場合、もう一回り小さく布を切るか、布を針でほつれさせて取る。

三角形やひし形の場合、底辺を先に外す。

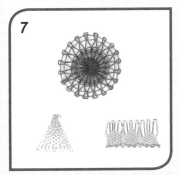

7

完成

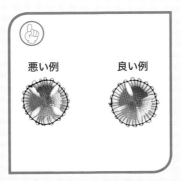

刺繍枠から外した状態で糊付けし
ようとすると、糸が緩んでサイズ
や形が崩れてしまう。

小さいニャンドゥティの場合は、
裏面から針を刺し、布とニャン
ドゥティの間から出すと外しやす
い。

つなぎ織り

四角形の繋ぎ

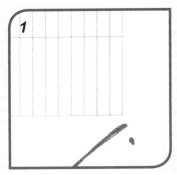

1

角から1cmほど離れたところで1
目なみ縫いをする。

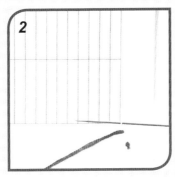

2

角より1mmほど右側から針を入
れ、角の印へ針を出す。

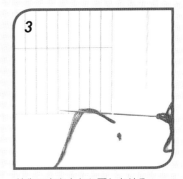

3

針先に糸を上から回しかける。

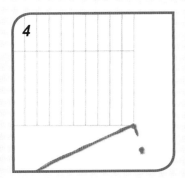

4

針を引き抜いて、角に玉結びを作
る。

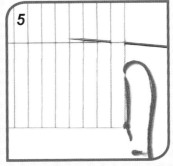

5

図案の位置へ針を出し入れし、平
行に土台を張っていく。
四角形の土台（P 93）参照。

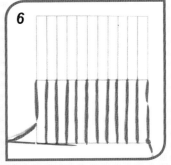

6

土台の最後は、3〜4の工程を繰
り返し、角に玉結びを作る。その
後、布の後ろへ針を引き抜く。

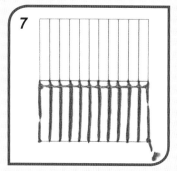

7

つなぎ織りをする時は、最初のモチーフの周囲に玉結びを作っておく。

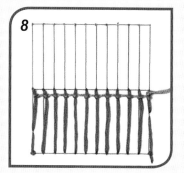

8

最初の土台糸へ"土台糸に直接糸を結びつける方法 (P103)"で次の土台糸を繋げる。

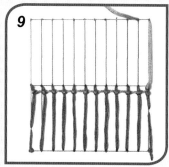

9

図案の位置へ針を出し入れし、ひと目縫う。

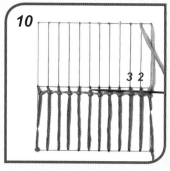

10

2、3本目の糸をまとめてすくう。この時、糸だけをすくうようにし、布を縫わないようにすると取り外しの時に作業がしやすい。

> 踊り子ピアス (P10)、小粋なレースブックマーク (P72) で使われています。

基本の織り方

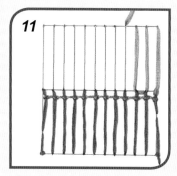

11

型紙に沿って輪郭線通りに針を出し入れする。

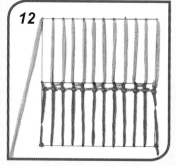

12

同じように、絡める部分は2本ずつ糸をすくい、2つ目のモチーフの土台糸を張る。

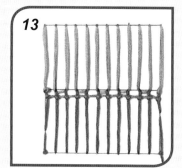

13

最後は、最初のモチーフの土台糸に玉結びをして布の後ろへ引き抜き、つなぎ織りの完成。

1本つなぎを入れる場合

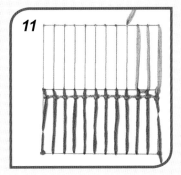
途中までは基本の織り方通り、2本まとめてすくう。

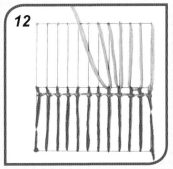
土台糸の数やモチーフの関係で2本ではなく1本でつなぎを入れ、本数を調整する。

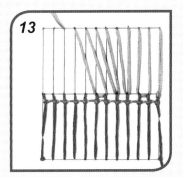
形が整ったら、再度2本まとめてつなぐ。

円形の繋ぎ

円形同士を繋ぐときは、1目であっても必ず隣り合った円同士の土台糸は絡めて作ります。

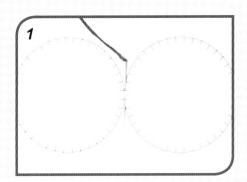
隣接している位置から土台を張り始める。

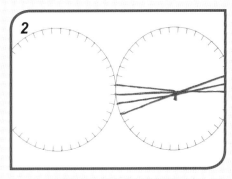
1つ目の円形は基本通り土台糸を張る。

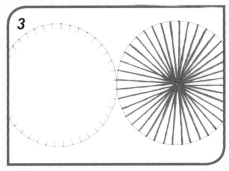
1つ目の円の土台糸完成。

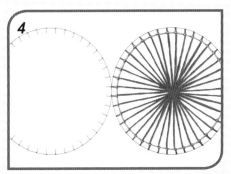
つなぎ織りをする時は、最初のモチーフの周囲に玉結びを作っておく。

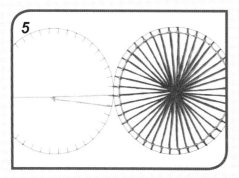

2つ目の円形の土台を繋いでいく。土台糸同士が絡むように、写真の位置に針を入れる。この時、繋ぐ位置が1本ずれると取り外した後に絡み合っていないため、穴が空いてしまうので、布を透かせて糸同士が絡んでいるかしっかり確認する（下部POINT参照）。

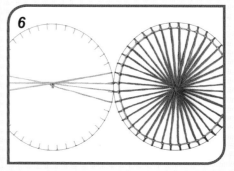

次の目でも、最初の円形の土台糸に絡むように注意しながら針を入れる。

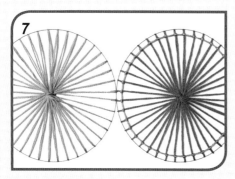

円形の繋ぎの完成。

裏から見た図

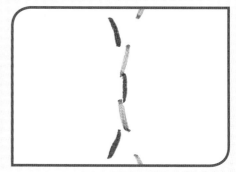

繋ぎ目となる部分では、布の裏には縫い目が並ぶ。

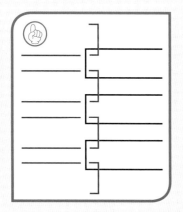

慣れないうちは布を透かしてみて、糸同士がきちんと絡んでいるか確認するとよい。

フィリグラナ

パラグアイ伝統の金細工を元にしたモチーフです。
現地では、モチーフとモチーフの間をつなぐ模様として使われます。

フィリグラナの土台

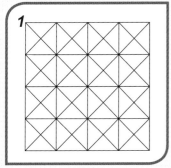

1 布に印をつける。糸端を玉結びしておく（慣れてきたら、線が交わる部分以外は印を省略してもよい）。

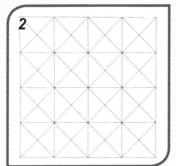

2 裏面から、図案の角の近くへ針を刺す。角に重ならなければどこから始めてもよい。

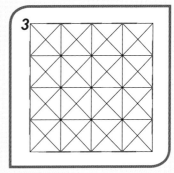

3 輪郭をなみ縫いする。線の交わる部分は必ず糸が表に見えているようにする。

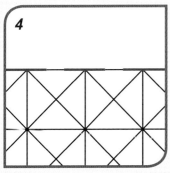

4 縫い目の数や大きさは気にしなくてよいが、表に見える糸がなるべく多くなるように気を付ける。

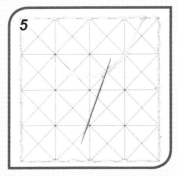

5 一周なみ縫いができたら、縫いはじめと同じ位置に針を出す。

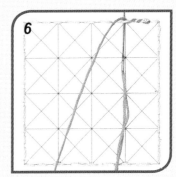

6 輪郭線に巻き付けながら糸を次の印の位置まで移動させる。（見やすいように色を変えています）

お呼ばれコサージュ（P73）、
三角の銀細工ブローチ（P22）で使用

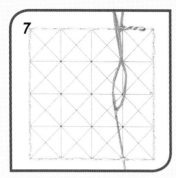

印に沿ってまっすぐに糸を張り、輪郭線をすくう。

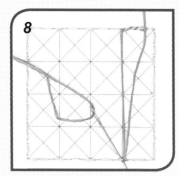

糸を輪郭線に巻き付けて固定する。

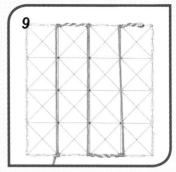

工程6～8を繰り返して全ての縦の土台糸を張る。

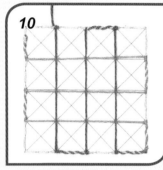

刺繍枠を90度回転させ、縦と同様に横の土台糸を張る（見やすいように色を変えています）。

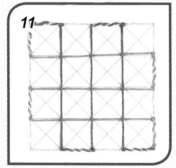

図案の角へ移動してから輪郭線上に玉結びを作り、針を布に刺して裏へ引き抜く。

原則として内側の土台糸を張るときは布をすくわない。ずれが気になるときはすくってもよいが、布を外しづらくなるため、できるだけ少量になるようにする。

フィリグラナの織り

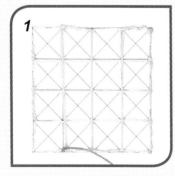

「途中から糸をつなぐ方法」で写真の位置に模様糸をつなぐ。

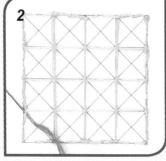

印に沿って糸をはり、輪郭線をすくう。

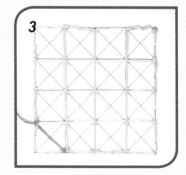

糸がずれないように輪郭線に巻き付ける。

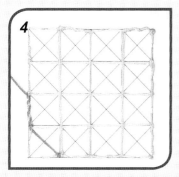

4

糸を輪郭線に巻き付けながら次の印へ移動する。

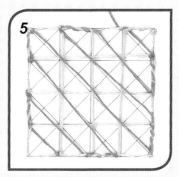

5

工程2〜4を繰り返して並行になる全ての糸を張る。

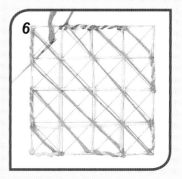

6

糸を輪郭線に巻き付けながら次の印へ移動し、糸を張る。
※見やすいように糸の色を変えています。

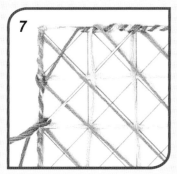

7

3本の糸が交差する部分にきたら、それまでにはった糸を全てすくう。

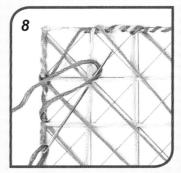

8

糸の進行方向に向かって針先に糸をかける。

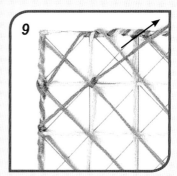

9

針を引き抜くと玉結びができる。

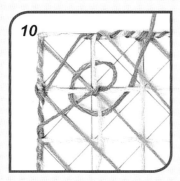

10

玉結びの周りの4本の土台糸を左回りにすべてすくう。1周目の織りができる。

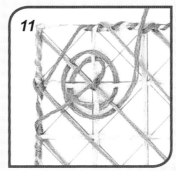

11

1周目と互い違いになるように、玉結びの周りの3本の模様糸をすくう。2周目の織りができる。

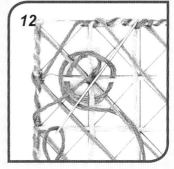

12

印に沿う位置で2周目の織りをすくう。

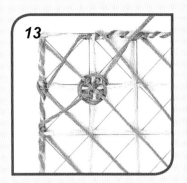

13

実際は糸を引き締めながら織る。
中心は写真のように小さくなる。

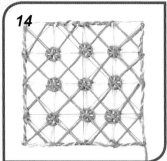

14

繰り返して全ての模様を作る。

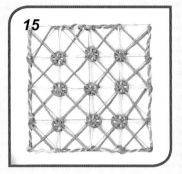

15

輪郭線上で玉結びをし、針先を布
に刺して裏へ引き抜く。

アラサペ

花と種の二つのモチーフを組み合わせてつくる模様です。
複雑に見えますが土台糸のはりかたはフィリグラナとほとんど同じです。

アラサペの土台

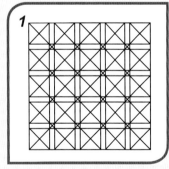

1

布に印をつける。糸は玉止めをし
ておく。

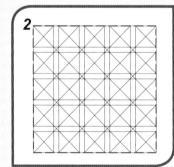

2

フィリグラナの土台糸と同じよう
に、表の糸が多くなるように気を
付けながら図案の輪郭線上を一周
なみ縫いする。

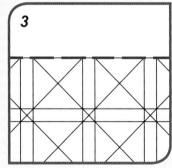

3

図案の細い幅では、必ず中心で縫
い目を一つ作るようにする。

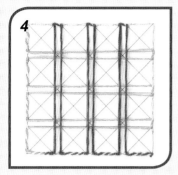

フィリグラナの土台糸と同じように、縦横の土台糸をすべて張る。

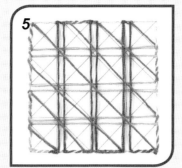

縦横の土台糸と同じように、斜めの土台糸を1方向分だけ張る。

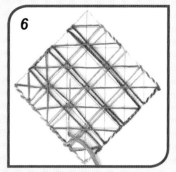

進行方向が常に奥になるように刺繍枠を回転させながら、残った斜めの土台糸を張る。

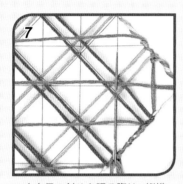

二方向目の斜めを張る際は、縦横斜めの三方向の土台糸が重なっている位置で、手前の2本の土台糸をすくう。

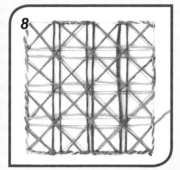

輪郭線上に玉結びを作り、針を布に刺して裏へ引き抜く。

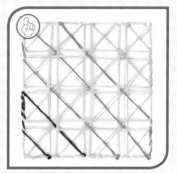

途中で糸を足す場合は、輪郭線の上で玉結びをして一旦区切り、新たなスタートの位置で次の糸をつなぐときれいに仕上がる。

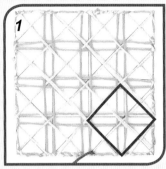

花は◇で囲んだ位置に一つできる。模様の中心にあたる土台糸に模様糸をつなぐ。

斜めの土台糸に沿って針を入れ、図の位置から出す。

土台糸３本を使用して、花びらを作る。最後は糸を中心の土台糸に一度巻きつける。（見本では６段）織り方は、土台糸の重なり方によって変わる。

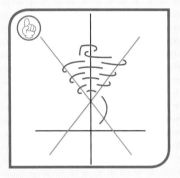

縦横の土台糸が斜めの土台糸より下の場合、両端の土台糸をすくって織り始める。最後は中心の土台糸に上から巻き付ける。

縦横の土台糸が斜めの土台糸より上の場合、中心の土台糸をすくって織り始める。最後は中心の土台糸に下から巻き付ける。

場所によっては糸を引いたときに写真のように一段目の糸がすべってしまうが、気にせず織り進めてよい。

出来上がった花びらの下を通し、「２」で針を出した位置の右隣の三角形に針を出す。

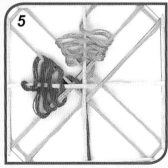

一枚目の花びらと同じように次の花びらを作る。

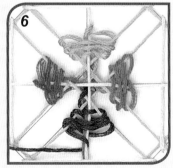

反時計回りに繰り返して４枚の花びらを作る。

糸を出す位置と花びらを作る順番。

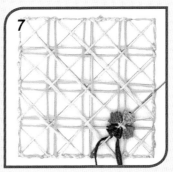

全ての糸の下を通して次の花を作る位置へ移動する。輪郭線に沿って移動する場合、輪郭線に糸を巻き付けて移動する。

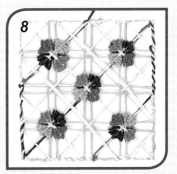

工程2〜7を繰り返して全ての模様を作る。

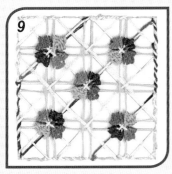

輪郭線上に玉結びを作り、針を布に刺して裏へ引き抜く。

アラサペの織り　種

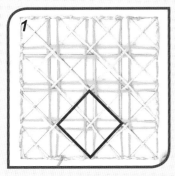

種は◇で囲んだ位置に一つできる。模様の中心にあたる土台糸に模様糸をつなぐ。

斜めの土台糸に沿って針を入れ、図の位置から出す。

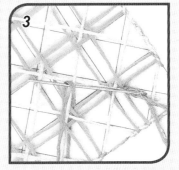

針の左側の土台糸に玉結びを作る。

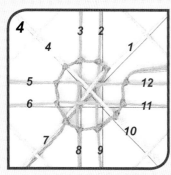

4

3 2
4 1
5 12
6 11
7 10
8 9

反時計回りですべての土台糸に玉
結びを作る。

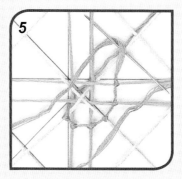

5

7本目の土台糸に玉結びを作ると
きは、模様糸もまとめてすくって
結ぶ。

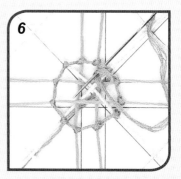

6

ニャンドゥティの閉じ方と同じよ
うに、1つ目の玉結びと2つ目の
玉結びの間をすくい、玉結びを作
る。

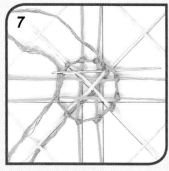

7

1の土台糸の右側から針を通し、
模様の裏に糸を出す。

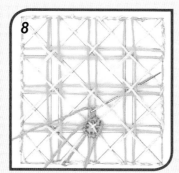

8

図の位置に針を入れ、全ての糸の
下を通って次の模様を作る位置ま
で移動する。輪郭線に沿って移動
する際は巻き付けながら移動する。

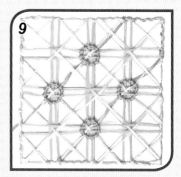

9

工程2〜8を繰り返して全ての模
様を作る。

ステップアップ

通常はアラサペに使用する糸は3
色のみで、種は花を織った後に作
る。また、輪郭線近くの半端な模
様まで織ると本格的なニャンドゥ
ティになる。

アラサペやフィリグラナは大きさ
や形が変わっても全て同じ方法で
作ることができる。

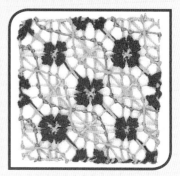

花だけを作ってアレンジを加える
こともできる。

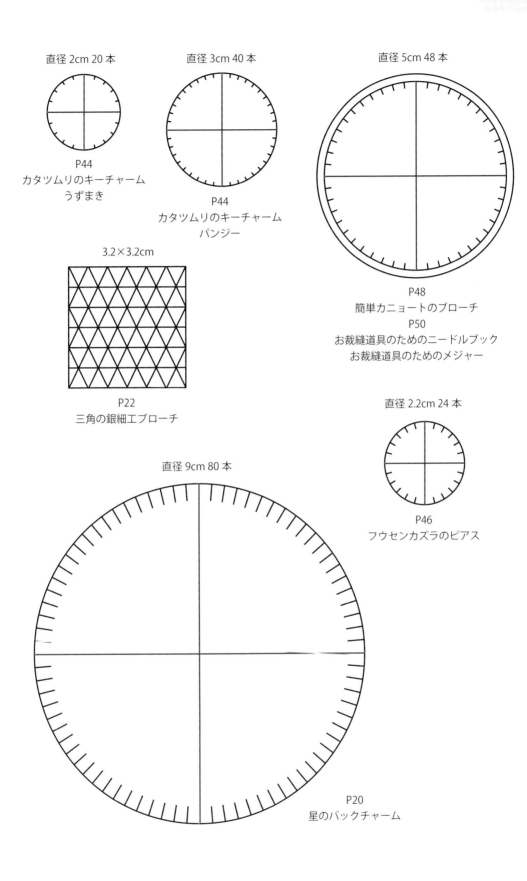

直径 2cm 20 本

P44
カタツムリのキーチャーム
うずまき

直径 3cm 40 本

P44
カタツムリのキーチャーム
パンジー

直径 5cm 48 本

P48
簡単カニョートのブローチ
P50
お裁縫道具のためのニードルブック
お裁縫道具のためのメジャー

3.2×3.2cm

P22
三角の銀細工ブローチ

直径 2.2cm 24 本

P46
フウセンカズラのピアス

直径 9cm 80 本

P20
星のバックチャーム

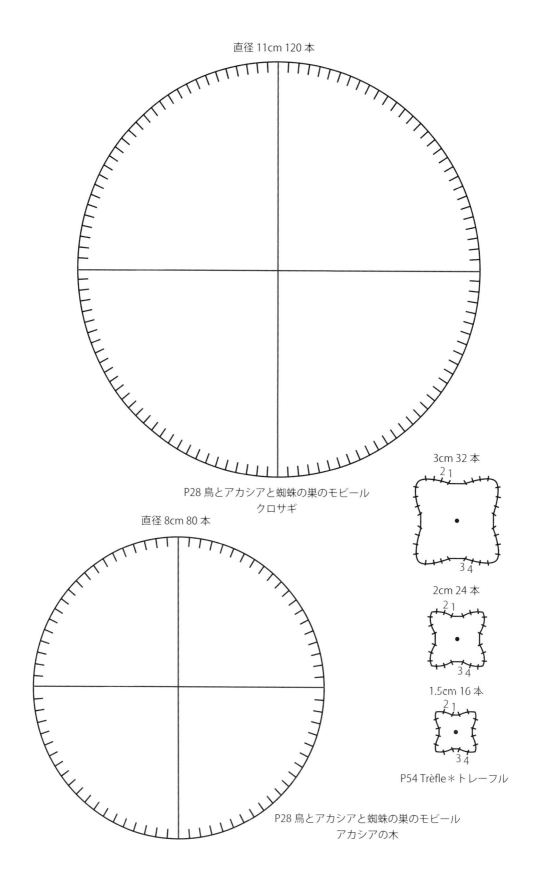

直径 11cm 120 本

P28 鳥とアカシアと蜘蛛の巣のモビール
クロサギ

直径 8cm 80 本

P28 鳥とアカシアと蜘蛛の巣のモビール
アカシアの木

3cm 32 本
2 1
3 4

2cm 24 本
2 1
3 4

1.5cm 16 本
2 1
3 4

P54 Trèfle＊トレーフル

4×15cm 60 本

4×20cm 80 本

P40 かわいいキッズヘアゴム
クッキー
P70 フォークロアカチューシャ
（必要な長さ 30cm120 本）

● 必要な分に合わせて型紙を
　カットしてください。

P40 かわいいキッズヘアゴム
人形

2.5×20cm 100 本
2.5×8.5cm 40 本

3×17.5cm 65 本
3×15cm 60 本

5×20cm

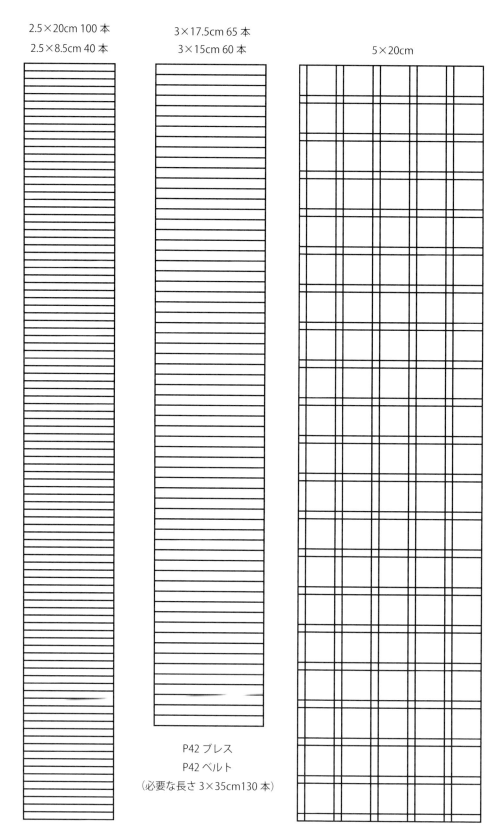

P42 ブレス
P42 ベルト
（必要な長さ 3×35cm130 本）

P60 ブドウのブローチ
P50 お裁縫道具のためのポーチ

P68 スペシャルなリボン

7×7cm

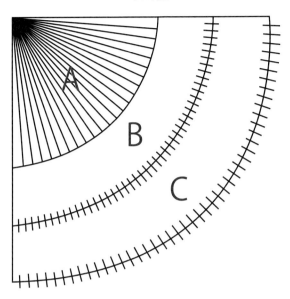

A

B

C

P72 小粋なレースブックマーク

2×4cm 22 本

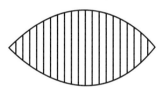

P63 花リーフのピアス
リーフ
ヤマリーフ

2.5×6cm 28 本

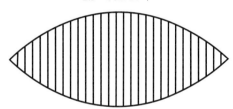

P55 インディアの房飾り
P63 花リーフのピアス
花リーフ

3.4×3.8cm 18 本

P62 ビーズたっぷりピアス

3.5×4.5cm 16 本

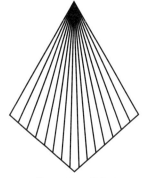

P14 ヴィンテージピアス

1.8×2.5cm 17 本

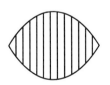

P44
カタツムリのキーチャーム
リーフ小

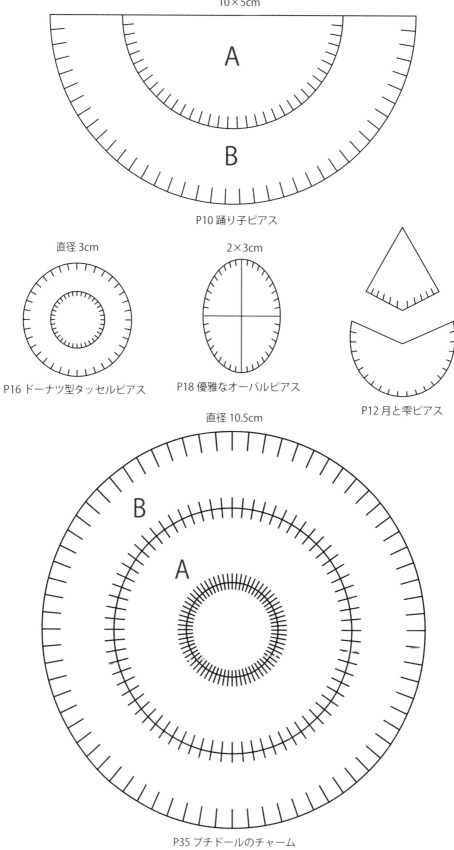

10×5cm

A

B

P10 踊り子ピアス

直径 3cm

P16 ドーナツ型タッセルピアス

2×3cm

P18 優雅なオーバルピアス

P12 月と雫ピアス

直径 10.5cm

B

A

P35 プチドールのチャーム

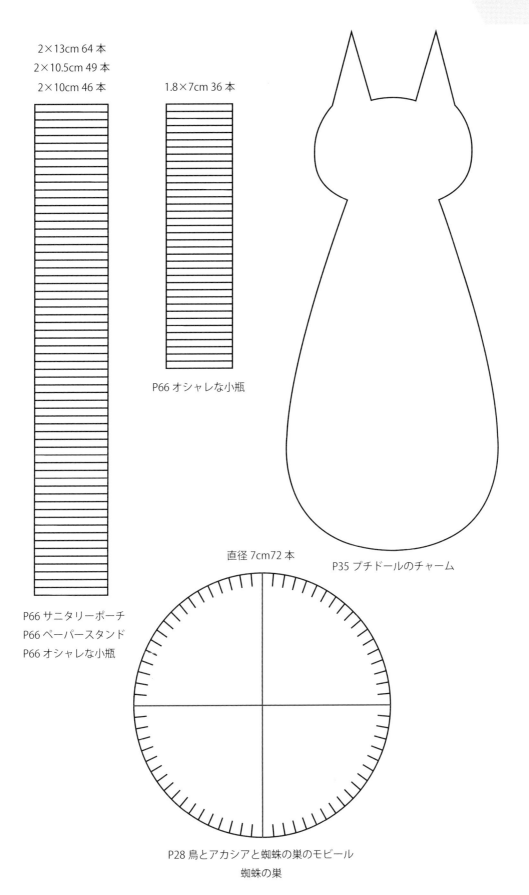

2×13cm 64 本
2×10.5cm 49 本
2×10cm 46 本

1.8×7cm 36 本

P66 オシャレな小瓶

P66 サニタリーポーチ
P66 ペーパースタンド
P66 オシャレな小瓶

直径 7cm 72 本

P35 プチドールのチャーム

P28 鳥とアカシアと蜘蛛の巣のモビール
蜘蛛の巣

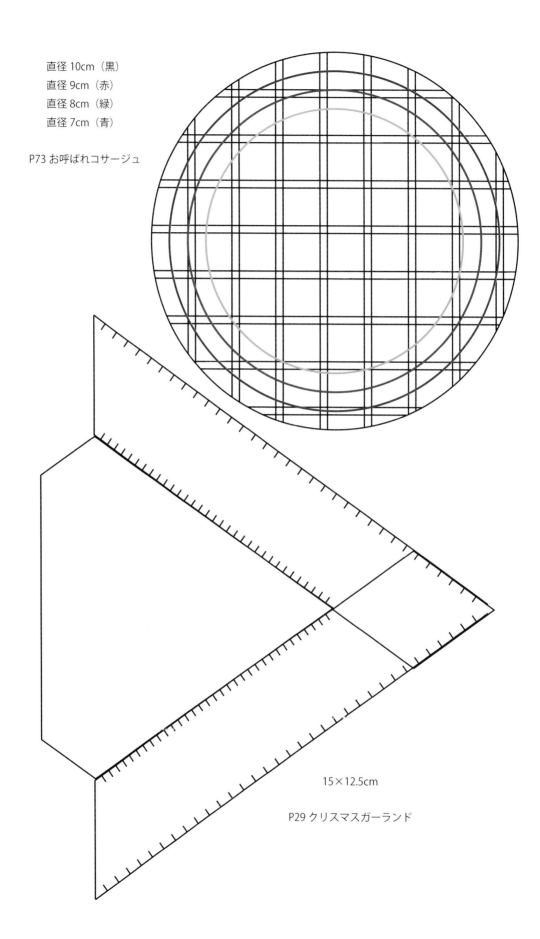

直径 10cm（黒）
直径 9cm（赤）
直径 8cm（緑）
直径 7cm（青）

P73 お呼ばれコサージュ

15×12.5cm

P29 クリスマスガーランド

直径 6cm60 本（蟻塚とヤシの木）
直径 4cm48 本（ジャスミンの花）
直径 3cm40 本（パンジー）
直径 2cm26 本（うずまき）

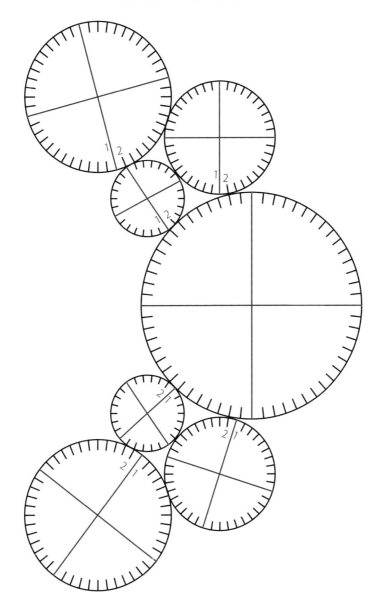

P34 大人シックなネックレス

● 型紙横に数字がある場合、その順番に従って土台糸を
はってください。

● 型紙は repicbook 株式会社の HP からもダウンロード可
能です。

Special thanks

本書は、クラウドファンディングによる書籍制作プロジェクトにチャレンジし、
ご支援くださいました方々へのリターンの一部としてここにお名前を記載させていただきます。
誠にありがとうございました。

石垣 博之
藤澤 祐樹
ぼとるねっくえがしら＆ゆかり
TOKYO インフルエンサーアカデミー 中島 侑子
ズッキー (藤田 和樹)
虹色工房 1chi
canape. 八ヶ岳

（敬称略）

パラグアイの伝統手芸
もっと楽しむニャンドゥティ

2023 年 12 月 8 日 第 1 刷発行

著者	千森 麻由
作品協力	中東 佐喜子、古川 美奈子、竹田 裕美、田中 さおり
モデル	岩崎 望
カメラマン	長谷川 かおり（PhotoVoices）
糸協賛	株式会社ルシアン

編集人	江川 淳子、諏訪部 伸一
発行人	諏訪部 貴伸
発行所	repicbook（リピックブック）株式会社
	〒 102-0084　東京都千代田区二番町 9-3 THE BASE 麹町
	TEL　070-4228-7824
	FAX　050-4561-0721
	http://repicbook.com
印刷・製本	株式会社シナノパブリッシングプレス